AF150323

FRANZÖSISCH
leicht & locker

Der Sprachkurs (fast) ohne Grammatik

von Constanze Mack

PONS

**Französisch
leicht & locker**

Der Sprachkurs (fast) ohne Grammatik

von Constanze Mack

identisch mit ISBN: 978-3-12-562186-2

Sie finden die **Audio-Dateien** zu Ihrem Buch in
der **Scan2Learn-App** oder **als Download**, indem
Sie den QR-Code hier einscannen oder indem
Sie auf folgenden Link gehen:
www.pons.de/leicht-und-locker-franzoesisch

4. Auflage 2025

Projektleitung: Christine Lippet
Autorin: Constanze Mack
Logoentwurf: Erwin Poell, Heidelberg
Logoüberarbeitung: Sabine Redlin, Ludwigsburg
Innenlayout: tebitron GmbH, Gerlingen
Satz: Digraf.pl - dtp services
Tonaufnahmen: db media Dupre & Buhr GbR, Raubach
Druck und Bindung: Multiprint Ltd., Kostinbrod

ISBN: 978-3-12-562497-5

Bienvenue !

Sie haben keinerlei Vorkenntnisse in Französisch und möchten gerne ohne lästiges Grammatikpauken ein wenig sprechen lernen? Mit *PONS Französisch leicht & locker* funktioniert das Sprachenlernen wie ein Baukastensystem: Sie lernen Wörter oder kleine Sprachbausteine und können dann selbstständig damit viele Sätze bilden.

Wie lernen Sie mit dem Sprachkurs?

Der Sprachkurs enthält **12 Lektionen**. Jede Lektion besteht aus einem Dialog, der Satz für Satz, Baustein für Baustein präsentiert und anschließend erklärt wird. Passend zum Thema lernen Sie dann noch weitere Wörter und Wendungen und landestypische Eigenheiten kennen. Alle Wörter und Sätze werden mit einer vereinfachten Umschrift präsentiert, die Ihnen die Aussprache erleichtert, sowie mit der Übersetzung. Zwischendurch können Sie in zahlreichen Übungen das Gelernte anwenden. Die **Lösungen** finden Sie direkt bei den Übungen.

Am Ende jeder Lektion finden Sie den kompletten **Wortschatz der Lektion** in kleine Portionen aufgeteilt. Sie können sich den Wortschatz außerdem auch anhören und so nochmals die Aussprache trainieren und die Wörter lernen. Anschließend finden Sie dann **den kompletten Dialog abgedruckt und vertont**.

Die **Grammatik** wird in diesem Sprachkurs nur am Rande behandelt. Bei den Übungen steht das Bilden von Sätzen mit Hilfe der Bausteine im Vordergrund, ohne dass Sie die Grammatik perfekt beherrschen müssen.

Im **Anhang** finden Sie die Übersicht der im Buch verwendeten Umschrift sowie einen Überlebenswortschatz.

Um die richtige Aussprache zu lernen, können Sie sich alle Wörter und Dialoge auch anhören. Laden Sie sich dazu die **Scan2Learn-App** herunter und wählen Sie Ihr Buch aus. Eine genaue Anleitung finden Sie auf der inneren Umschlagseite. Scannen Sie mit der App eine Buchseite mit Kopfhörer-Symbol. Sie können dann die passenden Audios abspielen. Alternativ finden Sie unter **www.pons.de/leicht-und-locker-franzoesisch** die Audio-Dateien zu Ihrem Buch als Download.

Viel Spaß beim Französischlernen!

Ihre PONS-Redaktion

Abkürzung im Buch	Bedeutung
m.	männlich
w.	weiblich
Sg.	Singular
Pl.	Plural

INHALT

1 CHEZ LE BOULANGER
BEIM BÄCKER

Sie kennen sicherlich schon einige Wörter auf Französisch, in manchen Fällen wissen Sie es vielleicht nur noch nicht. Sehen Sie selbst. Welche Wörter kennen Sie bereits?

la baguette
Baguette

le croissant
Croissant

monsieur
Herr

merci
danke

le chocolat
Schokolade

madame
Frau

la crème
Creme, Sahne

la vanille
Vanille

Der französische Bäcker ist **le boulanger** [lö bulaNJe], die Bäckerin **la boulangère** [la bulaNJär], und die Bäckerei heißt **la boulangerie** [la bulaNJri]. Möchten Sie beim Bäcker in Frankreich die Zutaten zum Frühstück besorgen? Dann lesen Sie die Beispiele hier, und Sie werden ohne Mühe und selbstsicher mit dem Richtigen von der Bäckerei zurückkommen.

Bonjour.

[boNJur.]
Guten Tag.

Wenn Sie ein Geschäft betreten oder jemanden begrüßen möchten, sagen Sie **bonjour** [boNJur]. Die Aussprache finden Sie ein wenig eigenartig und wundern sich, wieso wir das N in der Umschrift groß geschrieben haben? Das liegt daran, dass es im Französischen drei sogenannte Nasalvokale gibt. Wie schon der Name sagt, spricht man diese Vokale auch mit der Nase. Wir kennzeichnen diese Vokale hier in der Umschrift mit dem großen N, dabei soll dieses N jedoch nicht ausgesprochen werden: oN, aN, äN.

Jetzt sind Sie dran.

Trainieren Sie die Aussprache der Nasalvokale: Sprechen Sie ein langes **o** und legen sie dabei langsam den Kopf in den Nacken. Sie werden merken, wie sich der Klang des **o** nach und nach verändert. Trainieren Sie das erst ein wenig mit den einzelnen Lauten **o** und **a**. Sie gewöhnen Ihr Ohr so an den Klang der Nasale. Versuchen Sie dann die Wörter **bon** [boN] *gut*, **bonjour** [boNJur] und **croissant** [kruasaN] auszusprechen.

In **bonjour** gibt es noch die Aussprache des **j**, die so manchem Deutschen Schwierigkeiten bereitet: Das **j** wird ausgesprochen wie im deutschen Wort Journalist, mit einem stimmhaften Laut, also **bonjour** [boNJur] und nicht [bonschur]!

So, nun können Sie schon mal die Begrüßung. Kommen wir nun zur Bestellung:

Une baguette et deux croissants,   s'il vous plaît.

[ün bagät e dö kruasaN, sil wu plä.]
Ein Baguette und zwei Croissants, bitte.

Nach der Begrüßung, sagen Sie einfach, was Sie möchten, z.B. **une baguette**. Aber die Höflichkeit sollten Sie auf keinen Fall außer Acht lassen: Hängen

> Substantive im Französischen können männlich **un** *ein* oder weiblich **une** *eine* sein.

Sie einfach an das gewünschte Produkt die Wendung **s'il vous plaît** [sil wu plä] an. Das bedeutet *bitte*.
S'il vous plaît verwenden Sie, wenn Sie jemanden siezen, also in einer Bäckerei, auf dem Markt, im Hotel etc. Wenn Sie jemanden duzen, sagen Sie stattdessen **s'il te plaît** [sil tö plä].

Und nun kommen wir zu den Produkten in einer **boulangerie** [la bulaNJri] *Bäckerei*. Brötchen werden Sie in einer französischen Bäckerei vergeblich suchen, aber dafür gibt es andere unzählige Leckereien, die dann natürlich auch noch von Region zu Region z.T. unterschiedlich sind. In ganz Frankreich bekommen Sie aber folgende Leckereien:

la baguette [la bagät]	*das Baguette*
le croissant [lö kruasaN]	*das Croissant*
le pain au chocolat [lö päN o schokola]	*das Schoko-Croissant*
la petite brioche [la pötit briosch]	*das kleine Hefegebäck*
le pain aux raisins [lö päN o räsäN]	*die Rosinenschnecke*

Übrigens ist **le pain** [lö päN] *das Brot* und somit ist das **pain au chocolat** [lö päN o schokola] wörtlich das *Brot mit Schokolade* und das **pain aux raisins** [lö päN o räsäN] das *Brot mit Rosinen*, auch wenn beide gar nicht wie ein Brot aussehen. Wenn Sie allerdings in Südwestfrankreich unterwegs sind, sollten Sie wissen, dass man dort unter **une chocolatine** [ün schokolatin] das Gleiche versteht wie **un pain au chocolat**.

Wenn Sie sich die Aussprache der Wörter in der Liste oben genau ansehen, werden Sie merken, dass manche Buchstaben am Ende nicht ausgesprochen werden. Einerseits wird ein Vokal am Ende nicht ausgesprochen, z.B. das **e** in **baguette** [bagät] oder bei **brioche** [briosch] und andererseits werden die meisten Schlusskonsonanten nur dann ausgesprochen, wenn danach noch ein Vokal folgt. Also ausgesprochen wird das **t** bei **baguette** [bagät], **petite** [pötit] aber nicht bei **chocolat** [schokola] und **croissant** [kruasaN], weil nach dem **t** kein Vokal mehr folgt, also bleibt das **t** stumm.

Nach den Leckereien müssen wir uns jetzt noch um die Zahlen kümmern, schließlich wollen Sie nicht mit einem Croissant zu wenig wiederkommen. Sie haben in unserem Beispielsatz gelesen:
une baguette et deux croissants
ein Baguette und zwei Croissants

Sehen Sie hier die Zahlen bis 10.

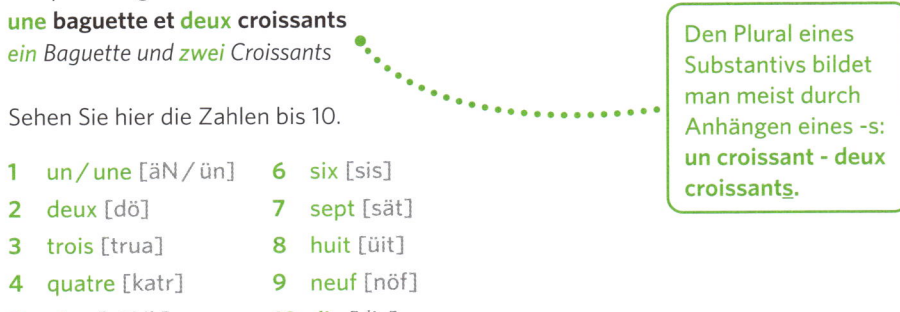

Den Plural eines Substantivs bildet man meist durch Anhängen eines -s:
un croissant - deux croissants.

1	un / une [äN / ün]	6	six [sis]
2	deux [dö]	7	sept [sät]
3	trois [trua]	8	huit [üit]
4	quatre [katr]	9	neuf [nöf]
5	cinq [säNk]	10	dix [dis]

Sie werden sich jetzt vielleicht wundern, wieso nun plötzlich einige Endkonsonanten doch ausgesprochen werden. Sie haben es ja vorhin erst anders gelernt. Nun ja … keine Regel ohne Ausnahme. Bei den Zahlen **cinq, six, sept, huit, neuf, dix** wird der Schluss-konsonant ausgesprochen, wenn man nur die Zahl sagt (z.B. beim Zählen) oder wenn die Zahl vor einem Wort steht, das mit Vokal beginnt. Folgt ein Konsonant, dann wird der Schlusskonsonant wieder stumm: **dix** [dis] aber **dix baguettes** [di bagät]. Aber keine Angst, wenn Sie hier einen kleinen Fehler machen, kommen Sie sicherlich trotzdem zu Ihren Baguettes.

Jetzt sind Sie dran.

Zählen Sie mehrmals von 1-10. Lesen Sie die Zahlen anfangs ab und versuchen Sie es dann auswendig. Wenn das schon sehr gut klappt, dann versuchen Sie rückwärts zu zählen. Und wenn Sie das nächste Mal aus dem Haus gehen, zählen Sie die roten Ampeln auf Ihrem Weg. So verinnerlichen Sie die Zahlen.

Jetzt sind Sie dran.

Versuchen Sie folgende Dinge beim Bäcker zu bestellen. Die richtige Lösung finden Sie unten im Kästchen. Aber nicht spicken. Versuchen Sie es erstmal selbst. Denken Sie auch an die Höflichkeit!

1. zwei Baguettes und vier Croissant

2. ein Baguette und ein Schoko-Croissant

3. drei Baguettes und sieben Croissants

4. fünf kleine Hefegebäckstücke und sechs Schoko-Croissants

5. eine Rosinenschnecke und acht Croissants

Lösung
1. Deux baguettes et quatre croissants, s'il vous plaît.
2. Une baguette et un pain au chocolat, s'il vous plaît.
3. Trois baguettes et sept croissants, s'il vous plaît.
4. Cinq petites brioches et six pains au chocolat, s'il vous plaît.
5. Un pain aux raisins et huit croissants, s'il vous plaît.

Damit können Sie nun schon Ihren ersten französischen Satz verstehen und auch sprechen. Aber Sie sind ja beim Bäcker noch nicht fertig. Weiter geht's. Sie bekommen nun das Bestellte:

[wuala. sä tu? - üi, sä tu.]
Bitte sehr. Ist das alles? - Ja, das ist alles.

Das erste Wort **voilà** [wuala] ist das französischste aller Wörter. Es wird von den Franzosen sehr häufig gebraucht und hat verschiedene Bedeutungen. In unserer Situation beim Bäcker bedeutet es so viel wie *bitte sehr, hier*. Oft wird es auch im Sinne von *da, dort, das* ist gebraucht z.B. **Voilà Julia.** *Das ist Julia.* oder **Voilà le pain.** *Da ist das Brot.* Die Vokalkombination von **o** und **i** zu **oi** wird als [ua] gesprochen. Daher spricht man also **voilà** [wuala]. Die Kombination von **o** und **u** zu **ou** wird hingegen als [u] gesprochen. Das Wort **tout** *alles* sprechen Sie daher folgendermaßen [tu].

Ein französischer Ausdruck, den Sie auch oft hören werden, ist **c'est** [sä] oder **ce sont** [sö soN]. Übersetzt bedeutet **c'est** *das ist* und **ce sont** *das sind*. Nach **c'est** steht ein Wort im Singular und nach **ce sont** ein Wort im Plural.

Die Frage **C'est tout?** kann man also mit *Ist das alles?* übersetzen.
Wenn Sie eine Frage wie *Ist das alles?* bejahen wollen, dann sagen Sie **oui** [üi]. Für *nein* gebrauchen Sie das Wort **non** [noN].

Jetzt sind Sie dran.

Wir machen jetzt eine kleine Ausspracheübung zu den Vokalkombinationen von **oi** und **ou**. Sprechen Sie jedes Wort dreimal laut aus. Die Umschrift hilft Ihnen bei der richtigen Aussprache.

1. oui [üi]
2. tout [tu]
3. voilà [wuala]
4. jour [Jur]
5. trois [trua]

Nachdem Sie keine weiteren Wünsche haben, nennt Ihnen die Verkäuferin noch den Preis:

Ça fait · · · · 3,20 €.

faire *(machen)*
je fais
tu fais
il / elle / on fait
nous faisons
vous faites
ils / elles font

[sa fä truaz_öro wäN]
Das macht 3,20 €.

Jetzt lernen Sie das kleine Wörtchen **ça** [sa] kennen. Wie
Ihnen bestimmt gleich aufgefallen ist, gibt es das **c** mit dem
Kringel drunter, das **ç**, im Deutschen nicht. Es ist typisch französisch und man nennt
dieses kommaähnliche Zeichen unter dem **c** eine Cedille [sedij]. Im Französischen wird
sie gebraucht, wenn das **c** vor den Vokalen **a**, **o** oder **u** als [s] und nicht wie üblich vor
a, **o** oder **u** als [k] gesprochen werden soll. Während man also die Kombination von **ca**
als [ka] ausspricht, wird durch die Kennzeichnung mit der Cedille **ça** als [sa] gespro-
chen.
Das Wort **ça** bedeutet im Deutschen *das*. Es wird in den verschiedensten Wendungen
gebraucht und kann daher unterschiedliche Bedeutungen annehmen. So z.B. **Et avec
ça?** [e awäk sa], was so viel bedeutet wie *Und außerdem?* oder *Darf's noch etwas sein?*
Sie können es in der Bäckerei oder auf dem Markt oft hören, statt dem hier im Dialog
verwendeten **C'est tout?** *Ist das alles?*
Und dann wird es natürlich, wie hier, zur Nennung des Preises oft genannt **Ça fait...
euros.** *Das macht ... Euro.*

Für die Preise brauchen Sie wieder die Zahlen. Die Zahlen bis 10 haben Sie bereits
kennengelernt. Jetzt lernen Sie noch die Zahlen bis 20 kennen:

onze [oNz]	*elf*
douze [duz]	*zwölf*
treize [träz]	*dreizehn*
quatorze [katorz]	*vierzehn*
quinze [käNz]	*fünfzehn*
seize [säz]	*sechzehn*
dix-sept [dis-sät]	*siebzehn*
dix-huit [diz-üit]	*achtzehn*
dix-neuf [dis-nöf]	*neunzehn*
vingt [wäN]	*zwanzig*

Wie Sie gesehen haben, werden manche Zahlen etwas merkwürdig gebildet. Die Zahlen 17-19 aus 10+7 (**dix+sept**), 10+8 (**dix+huit**) und 10+9 (**dix+ neuf**) zusammengesetzt, sprich: **dix-sept** [dis-sät], **dix-huit** [diz-üit] und **dix-neuf** [dis-nöf].
Achten Sie auch auf die Aussprache der Zahlen **onze** [oNz], **quinze** [käNz] und **vingt** [wäN], die einen Nasalvokal enthalten.

Und jetzt sind Sie dran.

Rechnen Sie die folgenden Aufgaben und schreiben Sie die Lösung als französische Zahl aus.

1. 10+5 =

2. 17-3 =

3. 12+6 =

4. 3+8 =

Lösung
1. quinze; **2.** quatorze; **3.** dix-hu⸱
4. onze

[wuala. märsi. o röwuar madam.]
Bitte sehr. - Danke. Auf Wiedersehen Madame.

Um sich auf Französisch zu bedanken, verwendet man das Wort **merci** [märsi]. Am Ende Ihres Einkaufs verabschieden Sie sich mit **au revoir** [o röwuar], was *auf Wiedersehen* bedeutet. Prägen Sie sich diesen Ausdruck gut ein, da Sie ihn oft brauchen werden. Familie und Freunde kann man mit einem **salut** [salü] verabschieden oder auch begrüßen, denn **salut** bedeutet *hallo* und auch *tschüs*.

Es ist in Frankreich zudem üblich und ein Zeichen von Höflichkeit an das **bonjour** oder **au revoir** noch **monsieur** [mösjö] oder **madame** [madam] anzuhängen. Man begrüßt also eine Frau mit **bonjour madame** [boNJur madam] und einen Mann mit **bonjour monsieur** [boNJur mösjö]. Sind es zwei oder mehrere Frauen, verwendet man **bonjour mesdames** [boNJur medam]. Bei zwei oder mehreren Männern, sagt man **bonjour messieurs** [boNJur mesjö]. Das gleiche gilt auch für die Verabschiedung: **au revoir madame**, **au revoir monsieur**, **au revoir mesdames** und **au revoir messieurs**.

Jetzt sind Sie dran.

Begrüßen und verabschieden Sie folgende Personen und denken Sie dabei an die Höflichkeit. Die Lösung finden Sie im Kasten unten. Aber versuchen Sie es erst einmal selbst! Sie schaffen das sicherlich!

1. Begrüßen Sie einen Mann.

2. Verabschieden Sie sich von zwei Frauen.

3. Begrüßen Sie mehrere Männer.

4. Verabschieden Sie sich von einem Freund.

Lösung
1. Bonjour monsieur.
2. Au revoir mesdames.
3. Bonjour messieurs.
4. Salut !

Jetzt sind Sie dran.

Hier sehen Sie alle Wörter, die Sie in dieser Lektion gelernt haben. Damit es nicht zu viel auf einmal ist, haben wir die Wörter extra in kleine Häppchen zusammengefasst. Lernen Sie immer nur die Wörter eines Abschnittes und erst wenn diese sitzen, gehen Sie zum nächsten. Am besten ist es auch die Wörter auf mehrere Tage zu verteilen. Sie hören erst das französische Wort und haben dann eine kurze Pause, um es nachzusprechen. Nach der Nachsprechpause hören Sie die deutsche Übersetzung. Hören Sie sich die Abschnitte mehrmals an, so geht die Aussprache ins Ohr.

TR. 1

bonjour [boNJur]	*guten Tag, guten Morgen*
bon [boN]	*gut*
le jour [lö Jur]	*der Tag*
madame [madam]	*Frau* (als Anrede)
monsieur [mösjö]	*Herr* (als Anrede)
(bonjour) mesdames [(boNJur) medam]	*(Guten Tag) die Damen*
(bonjour) messieurs [(boNJur) mesjö]	*(Guten Tag) die Herren*

TR. 2

s'il vous plaît [sil wu plä]	*bitte* (wenn man sich siezt)
s'il te plaît [sil tö plä]	*bitte* (wenn man sich duzt)
merci [märsi]	*danke*
au revoir [o röwuar]	*Auf Wiedersehen*
salut [salü]	*Tschüs*

TR. 3

le boulanger [lö bulaNJe], **la boulangère** [la bulaNJär]	*der Bäcker, die Bäckerin*
la boulangerie [la bulaNJri]	*die Bäckerei*
la baguette [la bagät]	*das Baguette*
le croissant [lö kruasaN]	*das Croissant*
le pain au chocolat [lö päN o schokola]	*das Schoko-Croissant*
la petite brioche [la pötit briosch]	*das kleine Hefegebäck*
le pain aux raisins [lö päN o räsäN]	*die Rosinenschnecke*
la chocolatine [la schokolatin]	*das Schoko-Croissant* (in Südwestfrankreich)

TR. 4

un / une [äN / ün]	*eins*
deux [dö]	*zwei*
trois [trua]	*drei*
quatre [katr]	*vier*
cinq [säNk]	*fünf*
six [sis]	*sechs*
sept [sät]	*sieben*
huit [üit]	*acht*
neuf [növ]	*neun*
dix [dis]	*zehn*

TR. 5

onze [oNz]	*elf*
douze [duz]	*zwölf*
treize [träz]	*dreizehn*
quatorze [katorz]	*vierzehn*
quinze [käNz]	*fünfzehn*
seize [säz]	*sechzehn*
dix-sept [dis-sät]	*siebzehn*
dix-huit [diz-üit]	*achtzehn*
dix-neuf [dis-növ]	*neunzehn*
vingt [wäN]	*zwanzig*

TR. 6

voilà [wuala]	*hier, bitte sehr*
c'est [sä]	*das ist*
ce sont [sö soN]	*das sind*
tout [tu]	*alles*
oui [üi]	*ja*
non [noN]	*nein*
ça [sa]	*das*
Et avec ça ? [e awäk sa]	*Ist das alles?*
faire [fär]	*machen*
euro [öro]	*Euro*

Und nun sind Sie fit, um bereits die erste kleine Situation in Frankreich erfolgreich zu meistern. Hören Sie sich den ganzen Dialog in der Bäckerei an.

TR. 7

- Bonjour. Une baguette et deux croissants, s'il vous plaît.
- Voilà. C'est tout ?
- Oui, c'est tout.
- Ça fait 3,20 €.
- Voilà.
- Merci. Au revoir madame.
- Au revoir.

Zum Schluss der Lektion ein paar Möglichkeiten, um einfach und mit wenigen Bausteinen verschiedene Sätze zu bilden, die Ihnen beim Bäcker weiterhelfen können.

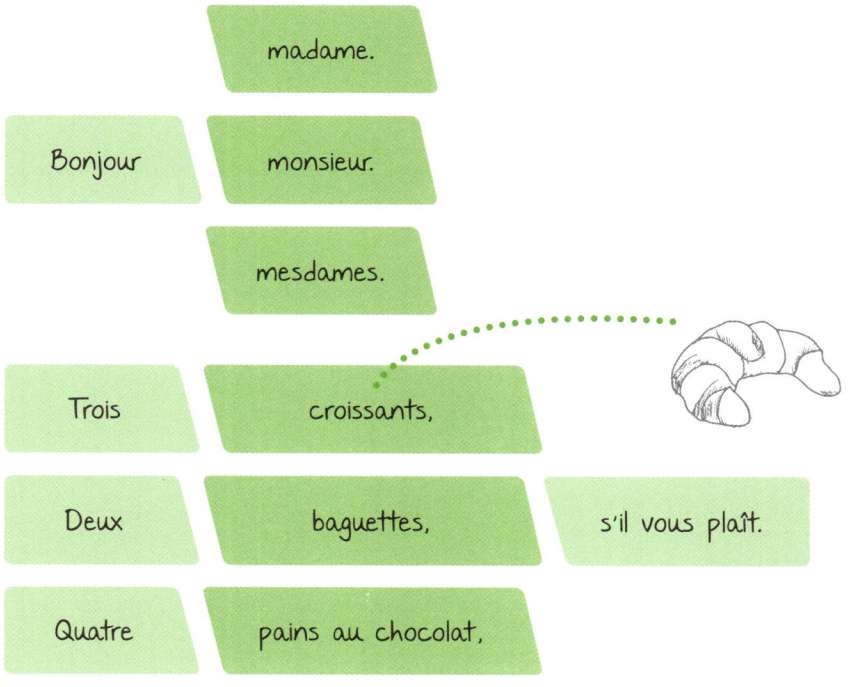

	madame.
Bonjour	monsieur.
	mesdames.

Trois	croissants,
Deux	baguettes,	s'il vous plaît.
Quatre	pains au chocolat,

2 AU CAMPING
AUF DEM CAMPINGPLATZ

Sie haben jetzt die ersten französischen Wörter gelernt und Ihren ersten Dialog gemeistert. In dieser Lektion geht es darum, sich vorzustellen. Dabei helfen Ihnen ein paar Wörter aus der ersten Lektion und andere Vokabeln kennen Sie vielleicht bereits. Sehen Sie selbst.

le camping
der Campingplatz

le nom
der Name

la France
Frankreich

merci
danke

le nord
der Norden

le sud
der Süden

bonjour
Guten Tag

et
und

c'est
das ist

français
französisch

Sie sind mit Ihrem Wohnmobil oder Ihrem Wohnwagen auf einem französischen Campingplatz. Wie unter Campern so üblich, begrüßt Sie Ihr Nachbar und Sie kommen ins Gespräch. Damit Ihnen dabei nicht die Worte ausgehen, lernen Sie in diesem Kapitel, wie man sich auf Französisch vorstellt.

[boNJur, sa wa?]
Guten Tag, wie geht es Ihnen?

aller *(gehen)*
je vais
tu vas
il / elle / on va
nous allons
vous allez
ils / elles vont

Im ersten Kapitel haben Sie bereits gelernt, dass man sich mit **bonjour** begrüßt. Ab dem späten Nachmittag bzw. am Abend können Sie auch **bonsoir** [boNsuar] sagen und damit einen *guten Abend* wünschen.

Der zweite Teil **ça va** ist eine Floskel, die Sie in Frankreich sehr oft hören werden und die sich mit *Wie geht es dir? / Wie geht es Ihnen?* oder *Wie geht's?* übersetzen lässt. Die Verbform **va** kommt übrigens von dem Verb **aller** *gehen*, dessen Verbformen z.T. etwas anders aussehen als der Infinitiv. Sie finden alle Formen in der Box oben.

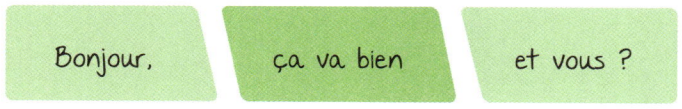

[boNJur, sa wa bjäN e wu?]
Guten Tag, mir geht es gut und Ihnen?

Auf die Frage nach dem Befinden **Ça va?** [sa wa?] lautet hier die Antwort **ça va bien** [sa wa bjäN], was so viel heißt wie *Mir geht es gut*. Man könnte auch sagen **ça va très bien** [sa wa trä bjäN] *es geht mir sehr gut* oder einfach nur **ça va** *es geht*. Um zu sagen, dass es einem schlecht geht, sagt man **ça va mal**.

Sie haben hier einmal **Ça va?** und dann **Ça va.** gesehen. Also einmal als Frage und dann als Antwort. Die einfachste Form im Französischen eine Frage zu bilden, ist die Intonationsfrage. Das hört sich kompliziert an, bedeutet aber eigentlich nur, dass man die Frage mithilfe der Satzmelodie bildet. Bei dem Aussagesatz **Ça va.** *Es geht.* geht man am Ende des Satzes mit der Stimme leicht nach unten.

Für die Intonationsfrage nimmt man den gleichen Satz, setzt an das Ende ein Frage-zeichen **Ça va?** und geht bei der Aussprache am Satzende mit der Stimme nach oben. Dadurch erhält man die Frage *Wie geht es dir / Wie geht es Ihnen?*

Jetzt sind Sie dran.

Sprechen Sie den Aussagesatz laut aus und gehen Sie dabei am Satzende mit der Stim-me nach unten.

Ça va.

Sprechen Sie dann die Frage laut aus und gehen Sie nun mit der Stimme am Ende des Satzes nach oben.

Ça va?

Man sollte das **Ça va?** manchmal auch nicht zu wörtlich nehmen. Es wird häufig als Floskel gebraucht, die eigentlich keine ehrliche Antwort oder Nachfrage erwartet.

Wenn Sie aber tatsächlich am Befinden des Gegenübers interessiert sind, dann können Sie mit einem **Et vous?** [e wu] *Und Ihnen?* die Gegenfrage stellen. Wenn Sie Ihren Gesprächspartner duzen, verwenden Sie **Et toi?** [e tua] *Und du?* Zum Duzen verwen-det man im Französischen wie im Deutschen die 2. Person Singular **tu** *(du)*, die in der betonten Form **toi** *du* lautet. Beim Siezen verwendet man die 2. Person Plural **vous** *Sie*.

Jetzt sind Sie dran.

1. Fragen Sie Ihren Gesprächspartner, wie es ihm geht.

2. Sagen Sie, dass es Ihnen sehr gut geht.

3. Sagen Sie, dass es Ihnen gut geht und stellen dann die Gegenfrage.

Lösung
1. Ça va ?
2. Ça va très bien.
3. Ça va bien et vous ?

Ihr Gesprächspartner antwortet Ihnen und stellt sich nun vor:

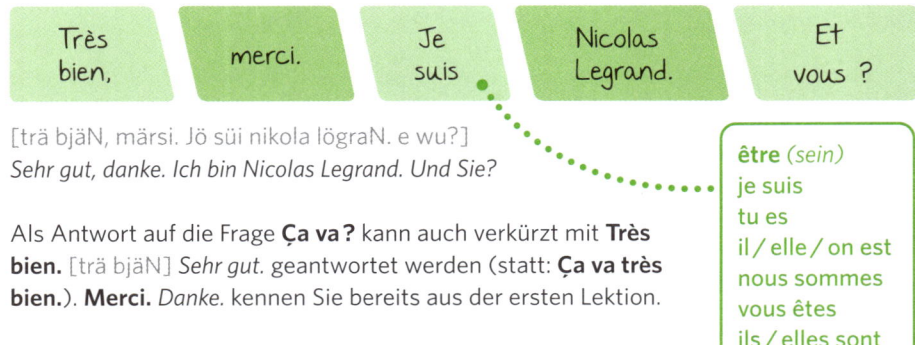

[trä bjäN, märsi. Jö süi nikola lögraN. e wu?]
Sehr gut, danke. Ich bin Nicolas Legrand. Und Sie?

> **être** *(sein)*
> je suis
> tu es
> il / elle / on est
> nous sommes
> vous êtes
> ils / elles sont

Als Antwort auf die Frage **Ça va?** kann auch verkürzt mit **Très bien.** [trä bjäN] *Sehr gut.* geantwortet werden (statt: **Ça va très bien.**). **Merci.** *Danke.* kennen Sie bereits aus der ersten Lektion.

Um sich vorzustellen, gibt es zwei Möglichkeiten, die Sie beide in dieser Lektionen kennenlernen werden. Hier sehen Sie die erste Möglichkeit: **Je suis** [Jö süi] *ich bin* gefolgt von Vor- und Nachnamen. Es wäre auch möglich, nur den Vornamen zu nennen **Je suis Nicolas.** *Ich bin Nicolas.* In einem formelleren Rahmen wäre auch **Je suis Monsieur Legrand.** *Ich bin Herr Legrand.* möglich.

Denken Sie beim Personalpronomen **je** *ich* an die stimmhafte Aussprache des **J** wie in Journalist, also **je** [Jö]. Das **e** wird dabei wie ein offenes **ö** gesprochen.

Im Französischen gibt es neun Personalpronomen:

je [Jö]   *ich*
tu [tü]   *du*
il [il]   *er*
elle [äl]   *sie*
on [oN]   *man, wir* (umgangssprachlich)
nous [nu]   *wir*
vous [wu]   *ihr, Sie* (Höflichkeitsform)
ils [il]   *sie* (für eine Gruppe von Männern oder eine gemischte Gruppe)
elles [äl]   *sie* (für eine Gruppe von Frauen)

Die Verbform **suis** [süi] ist die erste Person des Verbs **être** *sein*, das zusammen mit dem Verb **avoir** *haben* zu den wichtigsten Verben gehört. Für den Moment ist es aber nur wichtig, dass Sie sich die Form **je suis** *ich bin* gut einprägen.

Das angehängte **Et vous?** haben Sie schon am Anfang des Dialogs kennengelernt, dort hieß es *Und Ihnen?* In diesem Fall kann es verwendet werden, um nach dem Namen des Gegenübers zu fragen: *Ich bin Nicolas Legrand. Und Sie?*

Vergessen Sie dabei die Ausspracheregel aus der ersten Lektion nicht, nämlich dass im Französischen der letzte Konsonant meistens nicht ausgesprochen wird. Denken Sie bei Fragen auch an die Satzmelodie: **Et vous?** [e wu?] Gehen Sie am Ende der Frage mit der Stimme nach oben, wie Sie es vorhin bei **Ça va?** geübt haber.

Jetzt sind Sie dran.

Was gehört zusammen? Verbinden Sie die Satzelemente miteinander.

1. Ça   ____ **A** Johannes Müller.

2. Très   ____ **B** vous?

3. Je suis   ____ **c** bien.

4. Et   ____ **D** va?

Lösung
1. D; **2.** C; **3.** A; **4.** B

Je m'appelle   Lisa Haas.   Enchantée.

[Jö mapäl lisa has. aNschaNte.]
Ich heiße Lisa Haas. Sehr erfreut.

Die zweite Möglichkeit, sich vorzustellen ist **Je m'appelle...** [Jö mapäl] *Ich heiße ...* Das Verb **s'appeler** *heißen* können Sie auch für die Frage nach dem Namen verwenden: **Vous vous appelez comment?** [wu wu_zaple komaN] *Wie heißen Sie?* oder **Tu t'appelles comment?** [tü tapel komaN] *Wie heißt du?* Prägen Sie sich die Wendung **je m'appelle** gut ein.

> **S'appeler** ist ein soge-nanntes reflexives Verb (wie im Deutschen z.B. sich waschen). Man sagt:
> **je m'appelle** *ich heiße*
> **tu t'appelles** *du heißt*
> **vous vous appelez** *Sie heißen*
> Wörtlich heißt **je m'ap-pelle** *ich nenne mich.*

Wenn man in Frankreich jemanden kennenlernt und sich gegenseitig vorstellt, sagt man gerne **Enchanté**. Das bedeutet im Deutschen so viel wie *Angenehm* oder *Sehr erfreut (Sie kennen zu lernen)*. Wird es von einer Frau verwendet, wird am Ende noch ein **e** am Ende angehängt: **enchantée**. Beim Sprechen hört man aber zwischen **enchanté** [aNschaNte] und **enchantée** [aNschaNte] keinen Unterschied.

So, jetzt können Sie sich selbst vorstellen und Ihren Gesprächspartner nach seinem Namen fragen. Der erste Schritt, um ein Gespräch mit Ihrem Nachbarn auf dem Campingplatz zu beginnen, ist getan. Damit Sie sich die Wendungen besser einprägen können, sind jetzt Sie am Zug.

Und jetzt sind Sie dran.

Ergänzen Sie die Lücken im Dialog mit den folgenden Wörtern.

je suis **vous** **bonjour** **m'appelle** **enchanté** **bien**

A: **1.**   . Ça va ?

B: Ça va **2.**   , merci. Et **3.**   ?

A: Très bien. **4.**   Marie Dupont. Et vous vous appelez comment ?

B: Je **5.**   Georg Bauer. **6.**   .

Lösung
1. Bonjour; **2.** bien; **3.** vous; **4.** Je suis; **5.** m'appelle; **6.** Enchanté

Ihr Gesprächspartner möchte Sie noch näher kennenlernen.

Vous êtes   d'où ?

[wuz_ät du?]
Woher sind Sie?

Vous ist die 2. Person Plural → *ihr*
Wird aber auch als Höflichkeitsform gebraucht → *Sie*

Nachdem Sie nun also ins Gespräch gekommen sind, möchte Ihr Nachbar wissen, woher Sie kommen. Dazu verwendet er die Frage **Vous êtes d'où?** *Woher sind Sie? / Woher kommen Sie?*

Die Frage setzt sich aus zwei Teilen zusammen: Aus der Verbform **vous êtes** *Sie sind* vom Verb **être** *sein* (siehe oben im Grammatikkasten) und dem Fragewort **d'où**. **D'où** wiederum setzt sich zusammen aus **de** *aus, von* und **où** *wo*. Ganz wörtlich übersetzt lautet die Frage also: *Sie sind aus wo?*

Damit aus dem Satz eine Frage wird, gehen Sie auch hier mit der Stimme am Ende nach oben (Intonationsfrage).

Je suis	de München,	en Allemagne.

[Jö süi dö münchen, aNn_almanje.]
Ich bin aus München, in Deutschland.

Auf die Frage nach der Herkunft antworten Sie am besten mit **Je suis de** + Herkunftsstadt / -land. Die Präposition **de** *aus* wird gebraucht, um auszudrücken, woher man kommt. Bei Städten und weiblichen Ländern folgt danach kein Artikel, zum Beispiel:
Je suis de Berlin. *Ich bin aus Berlin.*
Je suis d'Allemagne. *Ich bin aus Deutschland.*

Die Präposition **en** *in* hingegen wird bei weiblichen Ländern verwendet, um zu sagen, wo sich etwas befindet:
München est en Allemagne. *München ist in Deutschland.*
Je suis en France. *Ich bin in Frankreich.*

Die meisten Ländernamen sind weiblich:

l'Allemagne [lalmanje]	*Deutschland*
la France [la fraNs]	*Frankreich*
la Suisse [la süis]	*Schweiz*
l'Italie [litali]	*Italien*
l'Espagne [läspanje]	*Spanien*
la Belgique [la bälЈik]	*Belgien*
l'Angleterre [laNglötär]	*England*

Der bestimmte männliche Artikel im Singular lautet **le** *der*, der bestimmte weiblicher Artikel im Singular lautet **la** *die*. Der Artikel wird vor Vokal zu **l'**. Im Plural lautet der Artikel immer **les**.

Wie in der ersten Lektion bereits erwähnt, gibt es im Französischen weibliche und männliche Substantive (Nomen). Wie Sie vorhin gesehen haben, sind die meisten Ländernamen weiblich, aber es gibt einige männliche Ländernamen:

le Portugal [lö portügal]   *Portugal*

le Danemark [lö danmark]   *Dänemark*

le Luxembourg [lö lüksaNbur]   *Luxemburg*

le Canada [lö kanada]   *Kanada*

Bei männlichen Ländern kommt die Präposition **du** [dü] *aus* (zusammengesetzt aus **de + le**) zum Einsatz, um zu sagen, woher man kommt:
Je suis du Portugal. *Ich komme aus Portugal.*

Wenn man sagen möchte, wo man sich befindet, gebraucht man bei den männlichen Ländern die Präposition **au** [o] *in* (zusammengesetzt aus **à + le**):
Je suis au Danemark. *Ich bin in Dänemark.*

Jetzt sind Sie dran.

Ordnen Sie den Fragen die richtige Antwort zu.

1. Vous vous appelez comment ?
- ☐ A Je suis de Stuttgart.
- ☐ B Je m'appelle Claudia Schneider.
- ☐ C Ça va très bien.

2. Vous êtes d'où ?
- ☐ A Je suis de Stuttgart.
- ☐ B Je suis Martin Dürr.
- ☐ C Un croissant, s'il vous plaît.

3. Ça va ?
- ☐ A Je suis de Paris.
- ☐ B Enchanté.
- ☐ C Ça va bien.

4. Tu t'appelles comment ?
- ☐ A Je suis Nicole Vernay.
- ☐ B Je suis de Leipzig.
- ☐ C Je suis en Allemagne.

Lösung
1. B; **2.** A; **3.** C; **4.** A

Ihr Gesprächspartner fragt nochmal nach Ihrer Heimatstadt:

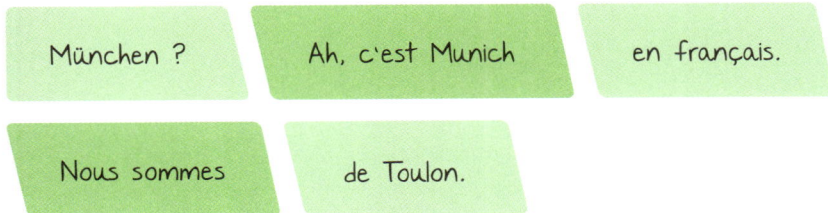

[münchen? a, sä münik aN fraNsä. nu som dö tuloN.]
München? Ah, das ist „Munich" auf Französisch. Wir sind aus Toulon.

Im Französischen verändern einige deutsche Städte ihre Schreibweise und / oder ihre Aussprache, z.B. **Munich** [münik] *München*, **Hambourg** [aMbur] *Hamburg*, **Francfort** [fraNkfor] *Frankfurt*. Aber wenn Sie die korrekte Schreib- bzw. Sprechweise Ihrer Heimatstadt auf Französisch nicht kennen, so wird Sie Ihr Gesprächspartner bestimmt trotzdem verstehen.

Um auszudrücken, wie etwas auf Französisch lautet, sagt man **en français** *auf Französisch*. Beispiele für andere Sprachen sind z.B. **en allemand** *auf Deutsch* und **en anglais** *auf Englisch*. Eine wichtige Wendung, die Sie sich merken sollte, ist:
Comment on dit « Guten Tag! » en français ?
[komaN oN di „guten Tag" aN fraNsä?]
Wie sagt man „Guten Tag!" auf Französisch?

C'est [sä] *das ist* haben Sie ja bereits kennen gelernt. **Est** ist auch eine Form des Verbs **être** *sein*, das Sie vorhin kennengelernt haben. Eine weitere Form des Verbs **être** ist **nous sommes** [nu som] *wir sind*. Zur Wiederholung: Wenn Sie in der Einzahl sprechen, dann sagen Sie **je suis** [Jö süi] *ich bin*. Wollen Sie aber im Plural sprechen (z.B. Ihr Partner / Ihre Partnerin und Sie), verwenden Sie **nous sommes** [nu som] *wir sind*.

Weiter oben haben Sie gelernt, dass man **de** verwendet, um die Herkunft aus einer Stadt auszudrücken: **Nous sommes de Toulon.** *Wir sind aus Toulon.*

Wenn man nun noch beschreiben möchte, wo der Herkunftsort liegt, dann kann man die Himmelsrichtungen verwenden:

le nord [lö nor]   *Norden*

le sud [lö süd]   *Süden*

l'ouest [luäst]   *Westen*

l'est [läst]   *Osten*

Prägen Sie sich die Himmelsrichtungen am besten mit den Präpositionen ein: **dans le sud de** *im Süden von*, **dans le nord de** *im Norden von*, **dans l'ouest de** *im Westen von* und **dans l'est de** *im Osten von*. **Dans** [daN] bedeutet *in* und **de** [dö] *von*. An die Himmelsrichtung wird dann das jeweilige Land mit Artikel gehängt: **dans le sud de la France** *im Süden Frankreichs*, **dans le nord de l'Allemagne** *im Norden Deutschlands*.

Jetzt sind Sie dran.

Beschreiben Sie die Lage folgender Städte.

1. Lille, im Norden Frankreichs

2. Stuttgart, im Süden Deutschlands

3. Pisa, im Westen Italiens

4. Alicante, im Osten Spaniens

Lösung
1. Lille, dans le nord de la France
2. Stuttgart, dans le sud de l'Allemagne
3. Pisa, dans l'ouest de l'Italie
4. Alicante, dans l'est de l'Espagne

Alors,   bonnes vacances.   – Merci.   À vous aussi.

[alor, bon wakaNs.- märsi. a wuz_osi]
Also dann, schöne Ferien. - Danke. Ihnen auch.

So wie **voilà** [wuala] ist **alors** [alor] ein typisch französisches Wort. Eine Eins-zu-eins-Übersetzung gibt es daher nicht wirklich. In diesem Dialog könnte man es mit *ja dann*, *also dann* übersetzen. **Alors** signalisiert in diesem Fall, dass man zum Ende des Gesprächs kommt.

Um dem anderen schöne Ferien zu wünschen, verwendet man den Ausdruck **bonnes vacances** [bon wakaNs] *schöne Ferien* (wörtlich: *gute Ferien*). Er setzt sich aus dem Adjektiv **bon** *gut* und **vacances** *Ferien* zusammen. Das Adjektiv kennen Sie schon indirekt von **bonjour**, wo es mit dem Substantiv verschmolzen ist (**bon** *gut* + **jour** *Tag* = **bonjour**). In diesem Fall ist **bonnes** die weibliche Pluralform des Adjektivs **bon**. Achten Sie darauf, dass sich die Aussprache bei den verschiedenen Adjektivformen ändert: **bon** [boN] mit Nasal und **bonnes** [bon] ohne Nasal und man hört das n am Ende. Im ersten Kapitel haben Sie bereits gelernt, dass man sich mit **merci** bedankt. Um einen Wunsch zu erwidern, sagt man **À vous aussi.** [a wuz_osi] *Ihnen auch*. Duzt man sich, sagt man **À toi aussi.** [a tua osi] *Dir auch*.

Bei **À vous aussi.** [a wuz_osi] hört man nun plötzlich ein **z** obwohl man bei **vous** [wu] den Endkonsonant **-s** sonst nicht hört. Dieses Aussprechen eines sonst stummen Konsonanten vor einem Wort, das mit Vokal (**a**, **e**, **i**, **o**, **u**) oder stummem **h** beginnt, und die Bindung mit dem folgenden Wort nennt man Liaison. Wir kennzeichnen die Liaison in unserer Umschrift durch den Unterstrich _ zwischen zwei Wörtern

Jetzt sind Sie dran.

Bringen Sie den folgenden Dialog in die richtige Reihenfolge.

A Je suis de Bordeaux, dans l'ouest de la France.
B Je suis Amélie. Enchantée. Tu es d'où ?
C Bonjour, ça va ?
D Très bien. Je m'appelle Annette. Et toi ?
E Ça va bien. Et toi ?
F Je suis de Potsdam, en Allemagne. Et toi ?

Richtige Reihenfolge:

Lösung
Richtige Reihenfolge: C, E, D, B, F, A

Jetzt sind Sie dran.

Hier sehen Sie nun alle Wörter, die Sie in dieser Lektion gelernt haben. Lernen Sie die Wörter am besten in kleinen Häppchen. Wir haben hier immer Wörter thematisch zu kleinen Portionen zusammengefasst, die dann in einem Track sind. Wiederholen Sie die Vokabeln mehrmals in kurzen Abständen. Sprechen Sie die Wörter beim Lernen laut vor sich hin, sie prägen sich so besser ein.

TR. 8

🎧

au camping [o caNping]	*auf dem Campingplatz*
bonsoir [boNsuar]	*guten Abend*
Ça va ? [sa wa]	*Wie geht es dir? / Wie geht es Ihnen?*
aller [ale]	*gehen*
bien [bjäN]	*gut*
très [trä]	*sehr*
très bien [trä bjäN]	*sehr gut*
Ça va bien. [sa wa bjäN]	*Mir geht es gut.*
Ça va très bien. [sa wa trä bjäN]	*Mir geht es sehr gut.*
Ça va. [sa wa]	*Es geht.*
Ça va mal. [sa wa mal]	*Mir geht es schlecht.*
Et vous ? [e wu]	*Und Ihnen?*
Et toi ? [e tua]	*Und du?*

TR. 9

🎧

je [Jö]	*ich*
tu [tü]	*du*
il [il]	*er*
elle [äl]	*sie*
on [oN]	*man, wir* (umgangssprachlich)
nous [nu]	*wir*
vous [wu]	*Ihr, Sie* (Höflichkeitsform)
ils [il]	*sie* (für eine Gruppe von Männern oder eine gemischte Gruppe)
elles [äl]	*sie* (für eine Gruppe von Frauen)

être [ätr]	*sein*	TR. 10
je suis [Jö süi]	*ich bin*	🎧
nous sommes [nu som]	*wir sind*	
s'appeler [saple]	*heißen*	
je m'appelle [Jö mapäl]	*ich heiße*	
enchanté / enchantée	*sehr erfreut, angenehm*	
[aNschaNte / aNschaNte]		

d'où [du]	*woher*	TR. 11
où [u]	*wo*	🎧
de [dö]	*aus, von*	
en [aN]	*in*	
du [dü]	*aus* (bei männlichen Ländern)	
au [o]	*in* (bei männlichen Ländern)	

l'Allemagne [lalmanje]	*Deutschland*	TR. 12
la France [la fraNs]	*Frankreich*	🎧
la Suisse [la süis]	*Schweiz*	
l'Italie [litali]	*Italien*	
l'Espagne [läspanje]	*Spanien*	
la Belgique [la bälJik]	*Belgien*	
l'Angleterre [laNglötär]	*England*	
le Portugal [lö portügal]	*Portugal*	
le Danemark [lö danmark]	*Dänemark*	
le Luxembourg [lö lüksaNbur]	*Luxemburg*	
le Canada [lö kanada]	*Kanada*	

Munich [münik]	*München*	TR. 13
en français [aN fraNsä]	*auf Französisch*	🎧
en allemand [aNn_almaN]	*auf Deutsch*	
en anglais [aNn_aNglä]	*auf Englisch*	
Comment on dit München en français ?	*Wie sagt man München auf Französisch?*	
[komaN oN di München aN fraNsä]		

. . . .

TR. 14
🎧

le nord [lö nor]	*der Norden*
l'est [läst]	*der Osten*
le sud [lö süd]	*der Süden*
l'ouest [luäst]	*der Westen*
alors [alor]	*ja dann, also, und dann*

. . . .

TR. 15
🎧

bon, bonne, bons, bonnnes [boN, bon, boN, bon]	*gut*
les vacances [le wakaNs]	*die Ferien*
Bonnes vacances ! [bon wakaNs]	*Schöne Ferien!*
À vous aussi ! [a wuz_osi]	*Ihnen auch!*
À toi aussi ! [a tua osi]	*Dir auch!*
aussi [osi]	*auch*

Sie haben die wichtigsten Wendungen gelernt, um mit einem Nachbarn auf dem Campingplatz ins Gespräch zu kommen. Hören Sie sich nun den ganzen Dialog an.

TR. 16
🎧

- Bonjour, ça va ?
- Bonjour, ça va bien et vous ?
- Très bien, merci. Je suis Nicolas Legrand. Et vous ?
- Je m'appelle Lisa Haas. Enchantée.
- Vous êtes d'où ?
- Je suis de München, en Allemagne.
- München ? Ah, c'est Munich en français. Nous sommes de Toulon.
- Alors, bonnes vacances !
- Merci. À vous aussi.

Zum Abschluss der Lektion zeigen wir Ihnen, wie Sie anhand folgender Satzbausteine auf einfache Weise verschiedene Sätze bilden können.

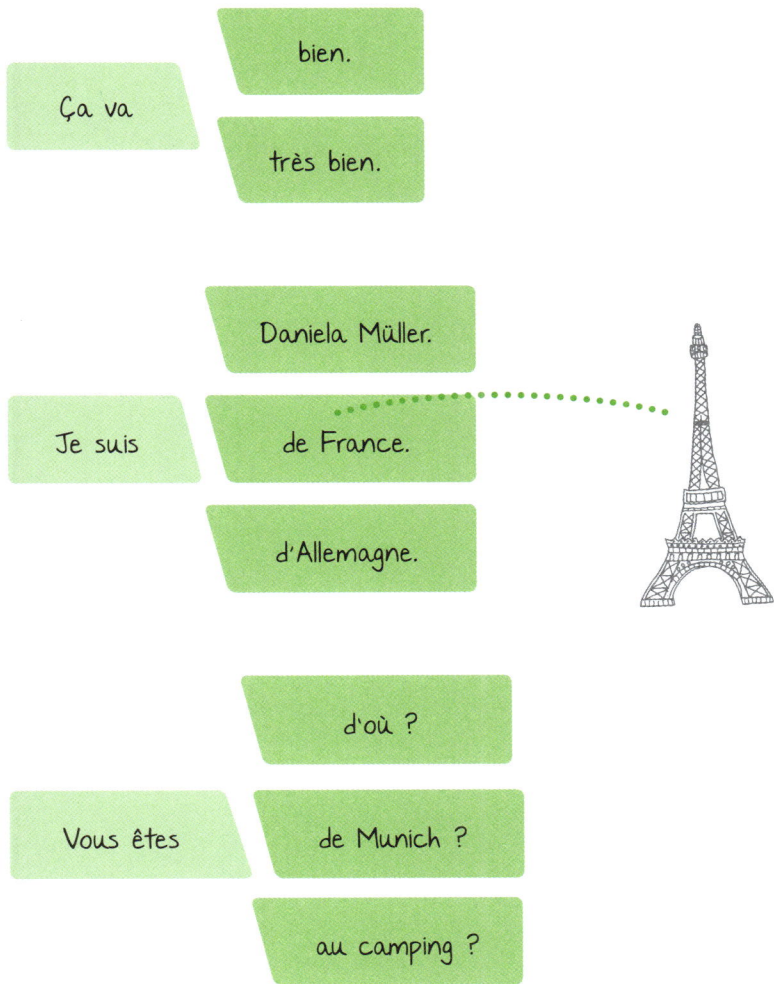

3 AU MARCHÉ
AUF DEM MARKT

Frankreich ist bekannt für seine schönen Märkte. Oft kann man nicht nur frisches Obst und Gemüse, sondern auch Brot, Milchprodukte, Fleisch und Fisch einkaufen. Sicherlich kennen Sie schon einige dieser Lebensmittel auf Französisch. Welche Wörter sind Ihnen bereits bekannt?

la salade
Salat

la tomate
Tomate

la carotte
Karotte

le citron
Zitrone

la banane
Banane

l'orange
Orange

C'est tout ?
Ist das alles?

le kiwi
Kiwi

le brocoli
Brokkoli

l'olive
Olive

Stellen Sie sich vor, dass Sie über einen französischen Markt schlendern. Es duftet nach Crêpes, frisch gebackenem Brot und Gewürzen. Überall stapelt sich frisches Gemüse in den verschiedensten Farben. Ein Bauer bietet Käse und geräucherte Wurst an. Beim Anblick dieser vielen leckeren Angebote bekommen Sie Hunger und beschließen ein paar Dinge einzukaufen.

Lesen Sie die folgenden Beispiele und Sie werden problemlos, Obst und Gemüse erstehen können.

Bonjour madame.   Combien   coûtent   les oranges ?

[boNJur madam. koNbjäN kut lez_oraNJ?]
Guten Tag Madame. Wie viel kosten die Orangen?

Sie haben bereits in Lektion 1 gelernt, wie man sich begrüßt, wenn man ein Geschäft betritt. Daher widmen wir uns jetzt der Frage nach dem Preis.

Combien [koNbjäN] heißt *wie viel(e)* und wird verwendet, um nach einer Anzahl oder einer Menge zu fragen. Das Verb **coûter** [kute] bedeutet *kosten*. Das Zeichen auf dem **u** ist einer der drei französischen Akzente und wird **accent circonflexe** genannt. Auf die Aussprache hat der **accent circonflexe** - im Gegensatz zu den anderen beiden Akzenten - keine Auswirkung. Das Verb **coûter** endet auf **-er** und gehört damit zu den regelmäßigen Verben im Französischen. Typisch für die regelmäßigen Verben auf **-er** ist, dass man die Formen von **je**, **tu**, **il / elle** und **ils / elles** alle gleich ausspricht. Von **coûter** *kosten* brauchen Sie aber nur die dritte Person in Singular und Plural: **il / elle coûte**, **ils / elles coûtent**.

Combien und **coûter** können Sie auch häufig in folgender Kombination hören:
Ça coûte combien? [sa kut koNbjäN] *Wie viel kostet das?*

Im Französischen verwendet man im Plural den Artikel **les** [le] *die* für männliche und weibliche Substantive. Vor einem Konsonanten hört man das **s** von **les** nicht, wie z.B. in **les baguettes** [le bagät]. Bei **les oranges** [lez_oraNJ] *die Orangen* sehen Sie aber in der Umschrift ein **z** gefolgt von einem Unterstrich. Dies bedeutet, dass das **s** von **les** hier stimmhaft als [z] ausgesprochen wird (wie das s im deutschen Wort Rose), weil es mit dem folgenden Wort **oranges** zusammengezogen wird. **Les oranges** [lez_oraNJ] hört sich wie ein einziges Wort an. Sie haben diese Art der Bindung schon in der vorigen Lektion kennen gelernt.

Und nun lernen Sie noch weitere Früchte auf Französisch kennen:

la pomme [la pom]   *der Apfel*
la fraise [la fräz]   *die Erdbeere*
le citron [lö sitroN]   *die Zitrone*
la framboise [la fraNbuaz]   *die Himbeere*
la banane [la banan]   *die Banane*
la poire [la puar]   *die Birne*
la pêche [la päsch]   *der Pfirsich*
l'abricot (m.) [labriko]   *die Aprikose*

Jetzt sind Sie dran.

Fragen Sie nach dem Preis der folgenden Früchte.

1. Äpfel

2. Erdbeeren

3. Birnen und Pfirsiche

Lösung
1. Combien coûtent les pommes ?
2. Combien coûtent les fraises ?
3. Combien coûtent les poires et les pêches ?

Die Verkäuferin nennt Ihnen nun den Preis:

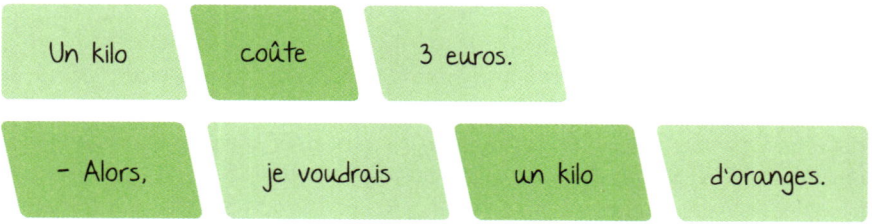

Un kilo   coûte   3 euros.

– Alors,   je voudrais   un kilo   d'oranges.

[äN kilo kut truaz_öro. - alor, Jö wudrä äN kilo doraNJ.]
Ein Kilo kostet 3 Euro. - Dann nehme ich ein Kilo Orangen.

Als Antwort erhalten Sie nun also die Information über den Preis. Die Mengenangabe **un kilo** [äN kilo] werden Sie sicherlich problemlos verstehen können. Das Verb **coûter** haben Sie gerade kennen gelernt.

Erinnern Sie sich noch an die Zahlen von 1 bis 10? Wenn nicht, nehmen Sie sich kurz Zeit die Zahlen zu wiederholen: **un**, **deux**, **trois**, **quatre**, **cinq**, **six**, **sept**, **huit**, **neuf**, **dix**. Bei der Währung **euro** [öro] sollten Sie darauf achten, dass **eu** als [ö] ausgesprochen wird.

Auch in diesem Satz gab es wieder ein Beispiel für die Liaison: **trois euros** [truaz_öro]. Dieses Zusammenziehen der Wörter macht es auch ein wenig schwierig, das gesprochene Französisch zu verstehen: ein Satz hört sich fast wie ein einziges Wort an, wenn es noch dazu schnell gesprochen wird. Aber keine Bange, nach und nach wird sich Ihr Ohr daran gewöhnen.

In der ersten Lektion haben Sie bereits eine Möglichkeit zu bestellen kennengelernt. Erinnern Sie sich? **Bonjour, une baguette, s'il vous plaît.** *Guten Tag, ein Baguette bitte.* Eine weitere Möglichkeit ist der Gebrauch von **je voudrais** [Jö wudrä], was man im Deutschen mit *ich möchte* übersetzen kann. Damit können Sie auf höfliche Weise einen Wunsch äußern. Wenn Sie also ein Kilo der Orangen kaufen möchten, dann sagen Sie: **Je voudrais un kilo d'oranges.**
Sie können ein Einkaufsgespräch also auch folgendermaßen beginnen:
Bonjour, je voudrais des oranges.
[boNJur, Jö wudrä dez_oraNJ.]
Guten Tag, ich möchte Orangen.

> Im Französischen steht **des** [de] vor dem unbestimmten Wort im Plural. **Des** ist der unbestimmte Artikel im Plural (Mehrzahl). Im Deutschen gibt es dafür keine Entsprechung!

Das kleine Wörtchen zu Beginn des Satzes **Alors, ...** [alor] *also* kennen Sie schon. Man kann es beim Bestellen ein wenig dehnen, wenn man noch überlegt: **Alooors..., je voudrais deux kilos.** *Alsooo ..., ich möchte zwei Kilos.*

Jetzt sind Sie dran.

Vervollständigen Sie folgenden Dialog mit den richtigen Wörtern.

voudrais bonjour coûte combien kilos

A: 1. _____ madame. **2.** _____ coûtent les pommes?

B: Un kilo **3.** _____ 2 euros.

A: Alors, je **4.** _____ deux **5.** _____

Lösung
1. Bonjour; **2.** Combien; **3.** coûte; **4.** voudrais; **5.** kilos

[wuala. et awäk sa?]
Bitte sehr. Und noch etwas?

Mit diesen Worten überreicht Ihnen die Verkäuferin die Orangen und fragt, ob Sie noch einen Wunsch haben. Da Ihr Picknickkorb noch ziemlich leer ist, geht Ihr Einkauf nun weiter.

[Jö praN osi ün barkät dö fräz e dö saN gram dö fraNbuaz, sil wu plä.]
Ich nehme auch eine Schale Erdbeeren und 200 Gramm Himbeeren bitte.
Puh! Das ist ein langer Satz. Daher werden wir ihn in kleine Häppchen aufteilen.

Der Satz beginnt mit **je prends** [Jö praN], einer Form des Verbs **prendre** [praNdr] *nehmen*. Alternativ zu **je voudrais** können Sie also auch **je prends** *ich nehme* verwenden. Zur Wiederholung: Das kleine Wörtchen **aussi** bedeutet *auch*. Die Obstsorten **fraises** *Erdbeeren* und **framboises** *Himbeeren* haben Sie ja gerade kennengelernt, daher wollen wir uns auf **une barquette** *eine Schale* und **200 grammes** *200 Gramm* konzentrieren. Beides sind Mengenangaben. Um auf einem französischen Markt gut einkaufen zu können, sollten Sie unbedingt ein paar Mengenangaben kennen:

> **prendre** (*nehmen*)
> je prends
> tu prends
> il / elle / on prend
> nous prenons
> vous prenez
> ils / elles prennent

le gramme [lö gram]	*das Gramm*
le kilo [lö kilo]	*das Kilo*
le demi-kilo [lö dömi-kilo]	*das halbe Kilo*
la barquette [la barkät]	*die Schale*
la bouteille [la butäj]	*die Flasche*
le litre [lö litr]	*der Liter*
beaucoup [bocu]	*viel*
peu [pö]	*wenig*

> Nach einer Mengenangabe steht **de** ohne Artikel:
> **un kilo <u>de</u> pommes**
> **300 grammes <u>de</u> tomates**

Denken Sie daran, wenn Sie eine Mengenangabe machen: Zuerst die Mengenangabe, dann **de** und dann das Substantiv ohne Artikel. Am besten probieren Sie es gleich aus.

Jetzt sind Sie dran.

Ordnen Sie die richtige Übersetzung zu.

1. ein halbes Kilo Pfirsiche   ___ **A** 400 grammes de pommes

2. ein Kilo Birnen   ___ **B** une barquette de fraises

3. eine Schale Erdbeeren   ___ **C** un demi-kilo de pêches

4. 400 Gramm Äpfel   ___ **D** un kilo de poires

Lösung
1 C, **2** D, **3** B, **4** A

3 AU MARCHÉ

Um die Menge korrekt angeben zu können, helfen Ihnen die Hunderterzahlen. *Hundert* heißt auf Französisch **cent** [saN]. Wie im Deutschen setzt sich 200 aus der Zahl Zwei und der Zahl Hundert zusammen: **deux** [dö] + **cent** [saN] = **deux cents** [dö saN] für 200. Dabei wird an das **cent** ein Plural-**s** angehängt: **cents**. Analog dazu bilden Sie 300 = **trois cents** [trua saN], 400 = **quatre cents** [katr saN], etc.

Ihre Bestellung schließen Sie am besten mit einem höflichen **s'il vous plaît** ab. Jetzt haben Sie alle Elemente für diesen langen Satz kennen gelernt. Am besten lesen Sie ihn noch einmal durch und versuchen ihn ein paar Mal nachzusprechen.

Zusätzlich zum Obst könnten Sie auch einige Gemüsesorten dazu nehmen:

la tomate [la tomat]   *die Tomate*
le poivron [lö puawroN]   *die Paprika*
le concombre [lö koNkoNbr]   *die Gurke*
la salade [la salad]   *der Salat*
la carotte [la karot]   *die Karotte*
la pomme de terre [la pom dö tär]   *die Kartoffel*
l'olive (w.) [loliv]   *die Olive*

Denken Sie bei der Aussprache daran, dass ein Vokal am Ende nicht ausgesprochen wird, z.B. das **e** in **tomate** [tomat] oder in **carotte** [karot].
Vielleicht ist Ihnen bei dem Gemüse *die Kartoffel* besonders aufgefallen: **une pomme de terre**. Genau, **une pomme** kennen Sie schon von den Obstsorten, nämlich den Apfel. **Pomme de terre** ist wörtlich *der Apfel der Erde* oder *der Erdapfel*, wie die Kartoffel in Süddeutschland, Österreich und in der Schweiz ja auch manchmal genannt wird.

Jetzt sind Sie dran.

Sie müssen nun Gemüse auf dem Markt einkaufen. Beginnen Sie Ihren Wunsch immer mit *Ich möchte* oder *ich nehme* und denken Sie auch an die Höflichkeit.

1. Kartoffeln:

2. Tomaten:

3. Paprika:

Lösung
1. Je voudrais des pommes de terre, s'il vous plaît. /
Je prends des pommes de terre, s'il vous plaît.
2. Je voudrais des tomates, s'il vous plaît. /
Je prends des tomates, s'il vous plaît.
3. Je voudrais des poivrons, s'il vous plaît. /
Je prends des poivrons, s'il vous plaît.

Haben Sie nun alles, was Sie brauchen?

| Voilà. | C'est tout ? | – Oui, | c'est tout. |

[wuala. sä tu?- üi, sä tu.]
Bitte sehr. Ist das alles? - Ja, das ist alles.

Kommt Ihnen dieser Teil des Einkaufsgesprächs bekannt vor? Super! Dann haben Sie bei der Lektion 1 richtig aufgepasst! Weiter so! Jetzt müssen Sie nur noch bezahlen.

| Ça fait | combien ? | – Ça fait | 8,50 euro. |

[sa fä koNbjäN? - sa fä üit_öro säNkaNt.]
Wie viel macht das? - Das macht 8,50 Euro.

Wir haben am Anfang dieser Lektion eine erste Möglichkeit genannt, um nach dem Preis zu fragen: **Ça coûte combien ?** *Wie viel kostet das?* Eine Alternative, um nach dem Preis zu fragen, sehen Sie hier: **Ça fait combien ?** [sa fä koNbjäN] *Wie viel macht das?*

Fait ist eine Form des Verbs **faire** *machen*.
Die Antwort mit: **Ça fait...** [sa fä] *Das macht ...* haben Sie auch
bereits in der ersten Lektion kennengelernt. Hier haben wir die
Summe 8,50 Euro. Dafür fehlen Ihnen aber noch die Zehner-
zahlen:

faire (*machen*)	
je fais	
tu fais	
il / elle / on fait	
nous faisons	
vous faites	
ils / elles font	

20	vingt	[wäN]
30	trente	[traNt]
40	quarante	[karaNt]
50	cinquante	[säNkaNt]
60	soixante	[suasaNt]
70	soixante-dix	[suasaNt-dis]
80	quatre-vingts	[katr-wäN]
90	quatre-vingt-dix	[katr-wäN-dis]

Um weiter zu zählen, hängen Sie die jeweiligen Einer am Ende des Zehners an.
Sie verbinden den Zehner und Einer dabei mit einem Bindestrich: 22 **vingt-deux**, 23
vingt-trois, 24 **vingt-quatre** usw. Eine Ausnahme sind die Zahlen 21, 31, 41, 51 und 61 ,
da die 1 mit **et** angeschlossen wird: 21 **vingt-et-un** geschrieben.

Wie Sie oben sehen, müssen Sie bei den Zahlen ab 69 ein wenig rechnen:
Die *siebzig* setzt sich zusammen aus 60 + 10 = **soixante-dix**, die *achtzig* aus 4 x 20 =
quatre-vingts und die *neunzig* aus 4 x 20 + 10 = **quatre-vingt-dix**.
Bei den Zahlen 71-79 und 91-99 müssen Sie die Zehn am Ende mit der entsprechen-
den Zahl zwischen 11-19 ersetzen, also 71 **soixante et onze**, 72 **soixante-douze** etc.,
91 **quatre-vingt-onze**, 92 **quatre-vingt-douze** ... 98 **quatre-vingt-dix-huit**,
99 **quatre-vingt-dix-neuf**.

Das ist ein wenig kompliziert, daher sollten Sie die Zahlen gut üben, Sie werden Ihnen
häufig begegnen. Hören Sie sich daher den Track mit den Zahlen am Ende der Lektion
mehrmals an.

Jetzt sind Sie dran.

Verbinden Sie folgende Zahlen richtig.

1. 38   ___ **A** soixante-treize

2. 53   ___ **B** soixante-et-un

3. 76   ___ **C** quatre-vingt-dix-sept

4. 61   ___ **D** trente-huit

5. 84   ___ **E** soixante-seize

6. 49   ___ **F** cinquante- trois

7. 73   ___ **G** quatre-vingt-quatre

8. 97   ___ **H** quarante-neuf

Lösung
1. D, **2.** F, **3.** E, **4.** B;
5. G; **6.** H; **7.** A; **8.** C

Nun müssen Sie nur noch Ihren Einkauf bezahlen.

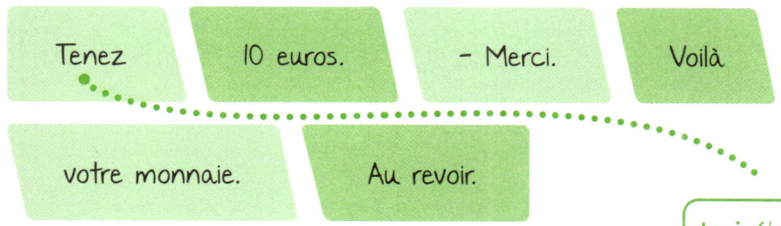

[töne diz_öro. - märsi. wuala wotr monnä. o röwuar.]
Hier 10 Euro. - Danke. Hier Ihr Rückgeld. Auf Wiedersehen.

Sie haben bereits das häufig verwendete Wort **voilà** [wuala]
für *bitte sehr / hier* kennengelernt. Eine Alternative, die Sie
auch oft in Einkaufsgesprächen hören, ist **tenez** [töne]. Es
kommt vom Verb **tenir** [tönir] und bedeutet *halten*. Wörtlich

> **tenir** (*halten*)
> je tiens
> tu tiens
> il / elle / on tient
> nous tenons
> vous tenez
> ils / elles tiennent

übersetzt bedeutet **Tenez!** also *Halten Sie!* Wenn Sie jedoch wie in diesem Fall einen
Geldschein übergeben und **Tenez 10 euros.** sagen, dann bedeutet es so viel wie **voilà**:
Bitte sehr / Hier 10 Euro.
Wenn man sich duzt und jemand etwas gibt, sagt man: **tiens** [tjäN].

Die Verkäuferin nimmt dann das Geld entgegen und bedankt sich mit einem **merci**. Danach gibt sie Ihnen Ihr *Wechselgeld* **la monnaie** zurück. Das Wörtchen **votre** [wotr] ist ein Possessivbegleiter (besitzanzeigendes Fürwort) und wird hier für die Höflichkeitsform *Ihr* verwendet. Die anderen Possessivbegleiter werden Sie zu einem späteren Zeitpunkt kennenlernen.

Jetzt sind Sie dran.

Die Sätze sind durcheinandergeraten. Bringen Sie sie wieder in die richtige Reihenfolge.

1. fait ça combien ?

2. euros 10,80 fait ça .

3. tenez euros vingt .

4. voilà au merci votre revoir monnaie .

Lösung
1. Ça fait combien ?
2. Ça fait 10,80 euros.
3. Tenez vingt euros.
4. Merci. Voilà votre monnaie. Au revoir.

Nun müssen Sie sich nur noch verabschieden:

Au revoir madame   et bonne journée.

[o röwuar madam e bon Jurne.]
Auf Wiedersehen Madame und einen schönen Tag.

Jetzt sind wir schon am Ende des Marktgesprächs. Sie haben bereits gelernt, wie man sich auf Französisch bedankt und sich verabschiedet. Nach einem freundlichen **au revoir madame** oder **au revoir monsieur** kann man seinem Gegenüber noch mit **bonne journée** [bon Jurne] einen *schönen Tag* wünschen.

Und jetzt sind Sie dran.

Versuchen Sie doch mal ein längeres Einkaufsgespräch zu meistern. Verbinden Sie die deutschen Sätze mit ihrer französischen Entsprechung.

1. Begrüßen Sie als erstes den Markt-
händler.

2. Fragen Sie, wie viel die Äpfel kosten.

3. Dann nehmen Sie zwei Kilo Äpfel.

4. Sie bestellen auch ein halbes Kilo
Birnen und eine Schale Himbeeren.

5. Sie sagen dann, dass das alles sei,
und fragen nach dem Preis.

6. Sie geben dem Händler 10 Euro,
verabschieden sich und wünschen
ihm einen schönen Tag.

____ A Combien coûtent les pommes ?

____ B Voilà dix euros. Au revoir et bonne
journée.

____ C C'est tout. Ça fait combien ?

____ D Bonjour monsieur.

____ E Alors, je prends deux kilos de pommes.

____ F Je voudrais aussi un demi-kilo de poires
et une barquette de framboises.

Lösung
1. D; **2.** A; **3.** E; **4.** F; **5.** C; **6.** B

Jetzt sind Sie dran.

Hier sehen Sie nun alle Wörter, die Sie in dieser Lektion gelernt haben. Beim Vokabel-lernen hilft es, die Wörter auch bildlich darzustellen. Schreiben Sie die Vokabeln ab und malen oder kleben Sie kleine Bilder dazu. Hier klappt das vor allem bei dem Obst und Gemüse gut. So lernen Sie die neuen Wörter schneller.
Vergessen Sie auch nicht, die Vokabeln aus den vorherigen Lektionen zu wiederholen. Zu den Wörtern aus dieser Lektion passen die Vokabeln aus der Lektion 1 gut, da es beides Mal um eine Situation beim Einkaufen geht.

combien [koNbjäN]	*wie viel*	TR. 17
coûter [kute]	*kosten*	🎧
je voudrais [Jö wudrä]	*ich möchte*	
prendre [praNdr]	*nehmen*	
Et avec ça ? [et awäk sa]	*Und noch etwas?*	

3   AU MARCHÉ

ça fait [sa fä] — *das macht*
tenir [tönir] — *halten*
Tenez! [töne] — *Hier! Bitte sehr! (siezen)*
Tiens! [tjäN] — *Hier! Bitte sehr! (duzen)*
la monnaie [la monä] — *das Rückgeld, Wechselgeld*
votre [wotr] — *Ihr, Ihre*
Bonne journée! [bon Jurne] — *Schönen Tag!*

TR. 18

l'orange (w.) [loraNJ] — *die Orange*
la pomme [la pom] — *der Apfel*
la fraise [la fräz] — *die Erdbeere*
le citron [lö sitroN] — *die Zitrone*
la framboise [la fraNbuaz] — *die Himbeere*
la banane [la banan] — *die Banane*
la poire [la puar] — *die Birne*
la pêche [la päsch] — *der Pfirsich*
l'abricot (m.) [labriko] — *die Aprikose*

TR. 19

la tomate [la tomat] — *die Tomate*
le poivron [lö puawroN] — *die Paprika*
le concombre [lö koNkoNbr] — *die Gurke*
la salade [la salad] — *der Salat*
la carotte [la karot] — *die Karotte*
la pomme de terre [la pom dö tär] — *die Kartoffel*
l'olive (w.) [loliv] — *die Olive*

TR. 20

le gramme [lö gram] — *das Gramm*
le kilo [lö kilo] — *das Kilo*
le demi-kilo [lö dömi-kilo] — *das halbe Kilo*
la barquette [la barkät] — *die Schale*
la bouteille [la butäj] — *die Flasche*
le litre [lö litr] — *der Liter*
beaucoup [boku] — *viel*
peu [pö] — *wenig*

vingt [wäN]	*zwanzig*	TR. 21
vingt-et-un [wäNt-e-äN]	*einundzwanzig*	
vingt-deux [wäNt-dö]	*zweiundzwanzig*	
vingt-trois [wäNt-trua]	*dreiundzwanzig*	
vingt-quatre [wäNt-katr]	*vierundzwanzig*	
trente [traNt]	*dreißig*	
quarante [karaNt]	*vierzig*	
cinquante [säNkaNt]	*fünfzig*	
soixante [suasaNt]	*sechzig*	
soixante-dix [suasaNt-dis]	*siebzig*	
quatre-vingts [katr-wäN]	*achtzig*	
quatre-vingt-dix [katr-wäN-dis]	*neunzig*	

cent [saN]	*hundert*	TR. 22
deux cents [dö saN]	*zweihundert*	
trois cents [trua saN]	*dreihundert*	
quatre cents [katr saN]	*vierhundert*	
cinq cents [säNk saN]	*fünfhundert*	
six cents [si saN]	*sechshundert*	
sept cents [sät saN]	*siebenhundert*	
huit cents [üit saN]	*achthundert*	
neuf cents [nöf saN]	*neunhundert*	

3   AU MARCHÉ

Jetzt können Sie Ihren ersten Einkauf auf dem Markt machen. Hören Sie sich den ganzen Dialog mit der Markthändlerin an.

TR. 23

- Bonjour Madame. Combien coûtent les oranges ?
- Un kilo coûte 3 Euro.
- Alors, je voudrais un kilo d'oranges.
- Voilà. Et avec ça ?
- Je prends aussi une barquette de fraises et 200 grammes de framboises, s'il vous plaît.
- Voilà. C'est tout ?
- Oui, c'est tout. Ça fait combien ?
- Ça fait 8,50 euro.
- Tenez 10 euro.
- Merci. Voilà votre monnaie. Au revoir.
- Au revoir Madame et bonne journée.

Hier sehen Sie abschließend Satzbausteine, die Sie kombinieren können, um verschiedene Sätze für den Einkauf auf dem Markt zu bilden.

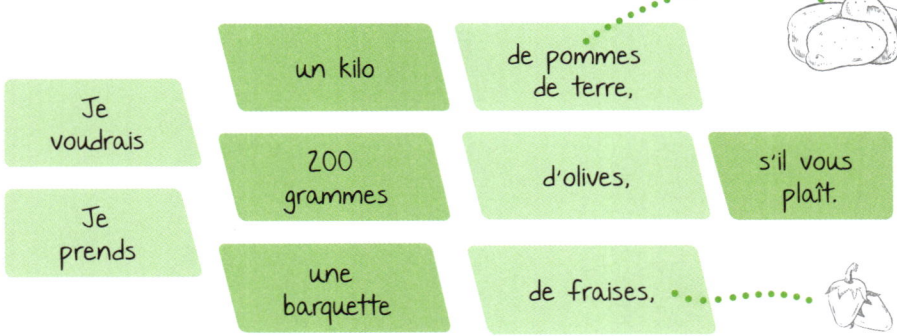

Je voudrais

Je prends

un kilo

200 grammes

une barquette

de pommes de terre,

d'olives,

de fraises,

s'il vous plaît.

4 À L'HÔTEL
IM HOTEL

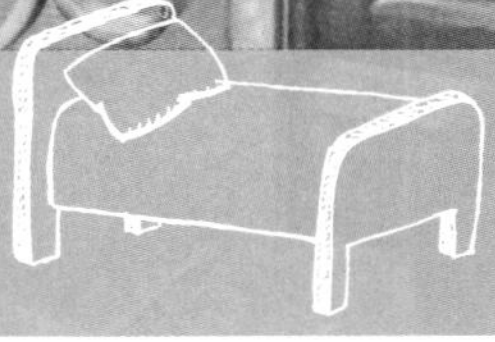

Stellen Sie sich vor, Sie haben ein Hotelzimmer online gebucht und stehen nun an der Hotelrezeption. Sie lernen in dieser Lektion, wie Sie sich in genau dieser Situation zurechtfinden können. Dabei helfen Ihnen folgende Wörter, die Sie sicherlich bereits kennen. Schauen Sie einmal:

la réservation
Reservierung

la réception
Rezeption

le passeport
Pass

double
doppelt

l'étage
Stockwerk

la salle
Saal, Zimmer

le nom
Name

le moment
Moment

le numéro
Nummer

la carte
Karte, Ausweis

Sie sind also in Ihrem gebuchten Hotel angekommen und möchten nun einchecken. Lesen Sie folgende Beispiele und Sie werden mühelos Ihr Hotelzimmer beziehen können.

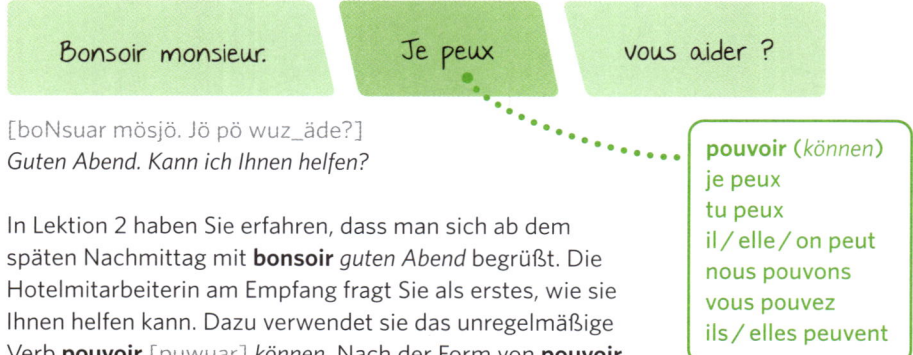

[boNsuar mösjö. Jö pö wuz_äde?]
Guten Abend. Kann ich Ihnen helfen?

In Lektion 2 haben Sie erfahren, dass man sich ab dem späten Nachmittag mit **bonsoir** *guten Abend* begrüßt. Die Hotelmitarbeiterin am Empfang fragt Sie als erstes, wie sie Ihnen helfen kann. Dazu verwendet sie das unregelmäßige Verb **pouvoir** [puwuar] *können.* Nach der Form von **pouvoir** folgt ein Verb im Infinitiv (Grundform), in diesem Fall der Infinitiv des Verbs **aider** [äde] *helfen:* **je peux aider** [Jö pö äde] *ich kann helfen.*

> **pouvoir** (*können*)
> je peux
> tu peux
> il / elle / on peut
> nous pouvons
> vous pouvez
> ils / elles peuvent

Das Wörtchen **vous** [wu] kennen Sie bereits als die Höflichkeitsform *Sie,* z.B. in **Vous êtes d'où?** *Woher kommen Sie?* Hier wird **vous** in einer anderen grammatischen Form gebraucht, nämlich als Objektpronomen *Ihnen.* Durch die Intonationsfrage, die wir in der zweiten Lektion angesprochen haben, wird aus dem Aussagesatz **Je peux vous aider.** *Ich kann Ihnen helfen.* die Frage **Je peux vous aider?** *Kann ich Ihnen helfen?*

In der dritten Lektion wurde bereits die Liaison erwähnt. Auch in diesem Beispiel gibt es wieder eine solche Bindung: Das stumme **s** am Ende von **vous** [wu] wird zu einem hörbaren, stimmhaften [z], da das darauffolgende Wort **aider** mit dem Vokal **a** beginnt: **vous aider** [wuz_äde].

Jetzt sind Sie dran.

Sprechen Sie folgende Sätze und Wörter laut vor sich hin. Achten Sie dabei vor allem auf die enthaltene Liaison, die in der Lautumschrift markiert ist.

1. Je voudrais des oranges. [Jö wudrä de**z_**oraNJ]
2. vingt-et-un [wäN**t_**e-aN]
3. Vous êtes d'où? [wu**z_**ät du]
4. Ça coûte dix euros. [sa kut di**z_**öro]
5. en allemand [aN**n_**almaN]

Bonsoir, j'ai une réservation pour

une chambre double pour deux nuits.

[boNsuar, Jä ün rezärwasjoN pur ün schaNbr dubl pur dö nüi.]
Guten Abend. Ich habe eine Reservierung für ein Doppelzimmer für zwei Nächte.

Nachdem Sie die Empfangsdame ebenfalls begrüßt haben, sagen Sie, dass Sie eine Reservierung für ein Doppelzimmer für zwei Nächte haben. Die Verbform **j'ai** [Jä] stammt von dem Verb **avoir** [awuar] *haben*, das zusammen mit **être** *sein* (siehe Lektion 2) zu den wichtigsten französischen Verben gehört. Die Formen des Verbs können Sie der Grammatikbox entnehmen.

> **avoir** (*haben*)
> j'ai
> tu as
> il / elle / on a
> nous avons
> vous avez
> ils / elles ont

Das Wort **une réservation** [ün rezärwasjoN] können Sie sich durch die Ähnlichkeit mit dem Deutschen leicht merken.

In diesem Satz kommt zweimal das Wörtchen **pour** [pur] vor, das sich im Deutschen mit *für* übersetzen lässt. Hier im Beispiel haben Sie ein *Doppelzimmer für zwei Nächte* reserviert **une réservation pour une chambre double pour deux nuits**.

Im Folgenden lernen Sie weitere wichtige Wörter für eine Hotelbuchung bzw. einen Check-In im Hotel kennen.

la chambre simple [la schaNbre säNpl] *das Einzelzimmer*
la nuit [la nüi] *die Nacht*
la semaine [la sömän] *die Woche*
avec salle de bains [awäk sal dö bäN] *mit Badezimmer*
avec vue sur la cour [awäk wü sür la kur] *zur Hofseite hin*
avec vue sur la mer [awäk wü sür la mär] *mit Meerblick*
avec balcon [awäk balcoN] *mit Balkon*

Und jetzt sind Sie dran.

Sie stehen an der Hotelrezeption und haben jeweils Folgendes reserviert. Formulieren Sie auf Französisch, was Sie gebucht haben.

1. ein Einzelzimmer für eine Nacht

2. ein Doppelzimmer für eine Woche

3. ein Einzelzimmer mit Badezimmer

4. ein Doppelzimmer mit Meerblick

Lösung
1. une chambre simple pour une nuit
2. une chambre double pour une semaine
3. une chambre simple avec salle de bains
4. une chambre double avec vue sur la mer

D'accord.

C'est

à quel nom ?

– Bernhard Meier.

[dakor. sä a käl noN? – bärnhart maiär]
In Ordnung. Auf welchen Namen? – Bernhard Meier.

Um zu sagen, dass man mit etwas einverstanden ist oder dass etwas in Ordnung ist, gebraucht man im Französischen den Ausdruck **d'accord** [dakor]. In einem umgangssprachlichen Kontext kann man auch das Wort **O.K.** [okä] hören.

Fragebegleiter **quel**:
männlich, Singular:
quel nom ?
weiblich, Singular:
quelle chambre ?
männlich Plural:
quels croissants ?
weiblich, Plural:
quelles oranges ?

Im nächsten Satz kennen Sie schon die meisten Bestandteile (**c'est**, **à** und **nom**). Neu ist hier das Fragewort **quel**, das im Deutschen mit *welche(r,s)* übersetzt wird. Das Fragewort wird an das Substantiv, das auf **quel** folgt, angeglichen. Mehr dazu in der Grammatikbox. Die Frage **C'est à quel nom ?** bedeutet wörtlich also *Das ist auf welchen Namen?* Als Antwort reicht der Name. Man kann aber auch **au nom de** [o noN dö] *auf den Namen* hinzufügen: **Au nom de Bernhard Meier.**

Jetzt sind Sie dran.

Wie kann man auf die folgenden Aussagen bzw. Fragen richtig antworten? Kreuzen Sie an.

1. Bonsoir monsieur.
- ☐ **A** Salut !
- ☐ **B** Bonsoir !
- ☐ **C** Enchanté.

2. Je peux vous aider ?
- ☐ **A** J'ai une réservation.
- ☐ **B** À vous aussi !
- ☐ **C** C'est tout.

3. C'est une chambre double ?
- ☐ **A** C'est au nom de Peter Stein.
- ☐ **B** Non, une chambre simple.
- ☐ **C** D'accord.

4. C'est à quel nom ?
- ☐ **A** Je m'appelle Andrea Müller.
- ☐ **B** Je suis Andrea Müller.
- ☐ **C** Au nom d'Andrea Müller.

Lösung
1. B; **2.** A; **3.** B; **4.** C

Die Rezeptionistin kann nun Ihre Reservierung suchen:

Un instant,   s'il vous plaît.   Voilà

votre réservation.   Votre carte d'identité

ou votre passeport,   s'il vous plaît.

[äNn_äNstaN, sil wu plä. wuala wotr rezärwasjoN. wotr kart didaNtite u wotr paspor, sil wu plä.]
Einen Moment, bitte. Hier Ihre Reservierung. Ihren Ausweis oder Pass, bitte.

Wenn man jemanden um einen Moment Geduld bitten möchte, dann sagt man im Französischen **un instant, s'il vous plaît** [äNn_äNstaN sil wu plä] oder auch **un moment, s'il vous plaît** [äN momaN sil wu plä].

Die Rezeptionistin findet Ihre Reservierung **Voilà votre réservation**. und fragt Sie nach Ihrem *Ausweis* **la carte d'identité** [la kart didaNtite] oder nach Ihrem *Pass* **le passeport** [lö paspor]. Alternativ könnten Sie auch nach **la pièce d'identité** [la pjäs didaNtite] *Ausweispapiere* gefragt werden. Das Wörtchen **ou** [u] bedeutet *oder*. Hier müssen Sie aufpassen, dass Sie es nicht mit **où** (mit Akzent!) verwechseln, was *wo* bedeutet. Die Aussprache ist bei beiden Wörtern gleich. Es gibt einen kleinen Merkspruch, um die beiden Wörter auseinander zu halten: „Auf dem *wo* sitzt ein Floh." Also **où** mit Akzent bedeutet wo.

Im Beispielsatz taucht der Possessivbegleiter **votre** [wotr] auf, der Ihnen schon in Lektion 3 begegnet ist. Man verwendet ihn für die Höflichkeitsform (*Ihr, Ihre*) und für die 2. Person Plural (*euer, eure*). Widmen wir uns zunächst einmal den Begleitern bei mehreren Besitzern. Hier gibt es jeweils zwei Formen:

> Possessivbegleiter richten sich im Französischen nach Geschlecht und Zahl des Substantivs, vor dem sie stehen. Bei Besitzer im Plural gibt es jeweils zwei Formen:
>
> | | Sg. | Pl. |
> |------------------------|-------|-------|
> | unser, -e | notre | nos |
> | euer, eure / Ihr, -e | votre | vos |
> | ihr, -e | leur | leurs |

- Ist das folgende Substantiv im Singular, steht: **notre** [notr] *unser, unsere,* **votre** [wotr]   *euer, eure* bzw. *Ihr, Ihre,* **leur** [lör] *ihr, ihre,* z.B. **notre réservation** *unsere Reservierung,* **votre passeport** *euer / Ihr Pass,* **leur carte d'identité** *ihr Ausweis.*
- Steht das folgende Substantiv im Plural, benutzt man die Formen **nos** [no], **vos** [wo], **leurs** [lör]: **nos / vos / leurs chambres** *unsere / eure / Ihre / ihre Zimmer.*

Jetzt sind Sie dran.

Ordnen Sie die Übersetzungen richtig zu.

1. unsere Reservierung

2. Ihre Pässe

3. unsere Zimmer

4. ihre Ausweise

____ **A** vos passeports

____ **B** leurs cartes d'identité

____ **C** notre réservation

____ **D** nos chambres

Lösung
1. C; **2.** A; **3.** D; **4.** B

Sie müssen sich nun ausweisen:

[wuala moN paspor.]
Hier mein Pass.

Im Beispielsatz wird **mon** [moN] *mein* verwendet. Wenn es also nur ein Besitzer ist, verwendet man **mon** [moN], **ton** [toN], **son** [soN], wenn das Substantiv männlich und Singular ist oder weiblich und mit einem Vokal beginnt: **mon / ton / son passeport** *mein / dein / sein / ihr Pass*. **Ma** [ma], **ta** [ta], **sa** [sa] verwendet man, wenn das nachstehende Substantiv weiblich und im Singular ist, z.B. **ma / ta / sa réservation** *meine / deine / seine / ihre Reservierung*. **Mes** [me], **tes** [te], **ses** [se] werden gebraucht, wenn das Substantiv im Plural steht, unabhängig davon, ob es männlich oder weiblich ist: **mes / tes / ses chambres** *meine / deine / seine / ihre Zimmer*.

Hier alle Possessivbegleiter in der Übersicht:	
mein, meine	**mon, ma, mes**
dein, deine	**ton, ta tes**
sein, seine / ihr, ihre	**son, sa, ses**
unser, unsere	**notre, nos**
euer, eure / Ihr, Ihre	**votre, vos**
ihr, ihre	**leur, leurs**

Jetzt sind Sie dran.

Die Sätze sind durcheinandergeraten. Bringen Sie sie wieder in die richtige Reihenfolge.

1. réservation une j'ai simple pour chambre nuits pour trois une .

2. votre réservation voilà .

3. carte d'identité ou votre s'il vous plaît passeport votre .

4. ma voilà pièce d'identité .

Lösung
1. J'ai une réservation pour une chambre simple pour trois nuits.
2. Voilà votre réservation.
3. Votre carte d'identité ou votre passeport, s'il vous plaît. /
   Votre passeport ou votre carte d'identité, s'il vous plaît.
4. Voilà ma pièce d'identité.

Nun bekommen Sie Ihr Zimmer:

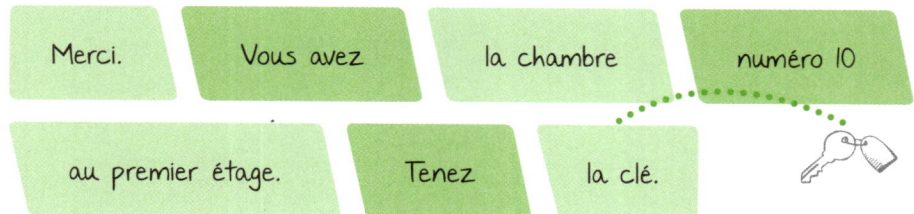

[märsi. wuz_awe la schaNbr nümero dis o prömjer_etaJ. Töne la kle.]
Danke. Sie haben Zimmer Nummer zehn im ersten Stock. Hier, der Schlüssel.

Die Rezeptionistin bedankt sich und überreicht Ihnen den Schlüssel für Ihr Zimmer und sagt Ihnen, wo Ihr Zimmer ist. Dazu verwendet Sie eine Form des Verbs **avoir** *haben*, das Sie am Anfang dieser Lektion schon kennen gelernt haben: **vous avez** [wuz_awe] *Sie haben/ihr habt*. Achten Sie bei **vous avez** wieder auf die Liaision, wie Sie es vorhin geübt haben.

Das Wort **numéro** [nümero] können Sie aus dem Deutschen erschließen. Neu ist hier die Angabe zum Stockwerk: **au premier étage** [o prömjer_etaJ] *im ersten Stock*. **Étage** kann man durch das Fremdwort Etage im Deutschen verstehen. Bei **premier** handelt es sich um eine Ordnungszahl. Die Ordnungszahl **premier** ist eine Ausnahme, da es sowohl eine männliche **premier** [prömje] also auch eine weibliche Form **première** [prömjär] gibt. Die anderen Ordnungszahlen werden gebildet, indem man die Endung **-ième** [jäm] an die Grundzahl anhängt: **deux** wird zu **deuxième** [dözjäm] *zweite(r)*, **trois** zu **troisième** [truazjäm] *dritte(r)* usw. Es gibt keinen Unterschied zwischen einer männlichen und weiblichen Form.

Den Ausdruck **tenez** haben Sie beim Einkauf auf dem Markt kennengelernt, man kann ihn anstelle von **voilà** gebrauchen: **Voilà la clé. / Tenez la clé.** *Hier, der Schlüssel.* Bei dem Wort **la clé** [la kle] für *Schlüssel* sehen Sie auf dem **e** einen Akzent. Dieser Akzent wird **accent aigu** genannt. Er ist nach oben rechts gerichtet und kann nur auf einem **e** stehen. Der **accent aigu** signalisiert, dass der Vokal **e** als geschlossenes **e** ausgesprochen wird wie zum Beispiel in dem deutschen Wort Schnee. Daher wird **clé** mit einem geschlossenen **e** ausgesprochen.

Jetzt sind Sie dran.

Üben Sie die Aussprache des geschlossenen e anhand der folgenden Beispiele:

la cl**é** – la r**é**servation – l'**é**tage – la carte d'identit**é** – le num**é**ro

Sie haben noch eine Frage:

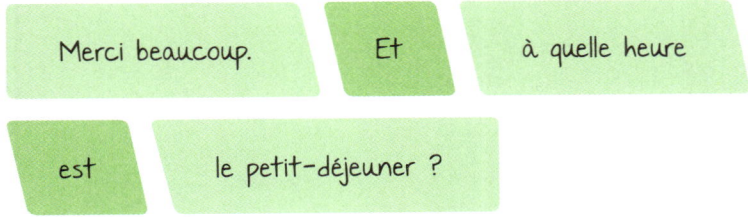

[märsi boku. e a käl ör ä lö pöti-deJöne?]
Vielen Dank. Um wie viel Uhr gibt es Frühstück?

Das Wort **beaucoup** *viel* haben Sie bei den Mengenangaben gelernt. In der Verbindung mit **merci** wird es als Verstärkung gebraucht **merci beaucoup** *vielen Dank*. Lassen Sie sich bei der Aussprache nicht von den vielen Buchstaben irritieren. Es wird einfach [boku] ausgesprochen.

Jetzt kommt eine Wendung, die Sie sich gut einprägen sollten, da Sie diese sicherlich häufig gebrauchen können. Mit **à quelle heure** [a käl ör] fragt man nämlich, um wie viel Uhr etwas stattfindet. Das Fragewort **quel** haben Sie bereits am Anfang der Lektion kennen gelernt. Hier haben wir nun die weibliche Form **quelle** [käl] *welche*, weil das folgende Substantiv **l'heure** [lör] weiblich ist. **L'heure** bedeutet sowohl Stunde als auch *Uhr(zeit)*. Wörtlich heißt **À quelle heure?** also *Um welche Uhrzeit?*

Sie wollen in diesem Dialog wissen, um wie viel Uhr es Frühstück gibt. Es könnte aber auch interessant sein, nach den anderen Mahlzeiten zu fragen: **le déjeuner** [lö deJöne] (*Mittagessen*) und **le dîner** [lö dine] *Abendessen*: **Et à quelle heure est le déjeuner?** bzw. **Et à quelle heure est le dîner?** *Um wie viel Uhr gibt es Mittagessen / Abendessen?*

Jetzt sind Sie dran.

Setzen Sie die durcheinandergeratenen Buchstaben in die richtige Reihenfolge, um Wörter rund um das Hotel zu finden.

1. esrévtoiran r _ _ e _ _ _ _ _ _ n   **2.** hmrcaeb c _ _ m _ _ e

3. gtéae é _ _ _ e   **4.** redéneju d _ _ e _ _ _ _ r

Sie erfahren nun, wann das Frühstück serviert wird:

[lö pöti deJöne ä dö üit_a diz_ör daN la sal a kote dö la resäpsjoN.]
Das Frühstück gibt es von acht bis zehn Uhr im Raum neben der Rezeption.

Um im Französischen eine Zeitspanne ausdrücken, verwendet man **de... à** [dö a] *von ... bis*. Für die volle Stunde nimmt man die jeweilige Zahl und fügt **heures** [ör] *Stunden* hinzu, was man meistens mit einem **h** abkürzt. Wie man die Uhrzeit auf Französisch angibt, erfahren Sie zu einem späteren Zeitpunkt noch genauer.

Im zweiten Teil des Satzes befinden sich zwei wichtige Wörter, die recht häufig bei Ortsangaben vorkommen: **dans** [daN] *in* und **à côté de** [a kote dö] *neben*. Die Wörter **la salle** [la sal] und **la réception** [la resäpsjoN] werden Sie durch die Ähnlichkeit mit den deutschen Wörtern verstehen können. **La salle** [sal] kann neben Saal aber auch Zimmer bedeuten, zum Beispiel in der Kombination mit **la salle à manger** [la sal a maNJe] *das Esszimmer*. Was unterscheidet dann aber **salle** von **chambre**, die im Deutschen beide mit *Zimmer* übersetzt werden können? Bei **chambre** handelt es sich um einen Raum, in dem man schläft. Die genauere Übersetzung wäre also Schlafzimmer. Das Wort **salle** kann hingegen verschiedene Räume bezeichnen wie z.B. **la salle de bains** [sal dö bäN] *Badezimmer* oder **la salle de séjour** [sal dö seJur] *Wohnzimmer*.

Jetzt sind Sie dran.

Ordnen Sie folgenden Antworten die richtigen Fragen zu.

1. Le petit-déjeuner est de 7h à 10h.
- ☐ **A** Je peux vous aider ?
- ☐ **B** À quelle heure est le petit-déjeuner ?
- ☐ **C** Ça fait combien ?

2. C'est au nom de Susanne Lutz.
- ☐ **A** À quelle heure est le dîner ?
- ☐ **B** C'est au premier étage ?
- ☐ **C** C'est à quel nom ?

3. J'ai une réservation.
- ☐ **A** Je peux vous aider ?
- ☐ **B** Vous êtes d'où ?
- ☐ **C** Vous avez un passeport ?

4. Voilà ma carte d'identité.
- ☐ **A** Vous êtes Thomas Seifert ?
- ☐ **B** Vous avez une pièce d'identité ?
- ☐ **C** Ça va ?

Lösung
1. B; **2.** C; **3.** A; **4.** B

Nun können Sie ihr Zimmer beziehen:

Merci madame.

– Je vous en prie

et bon séjour.

[märsi madam. – Jö wuz_aN pri e boN seJur.]
Danke. – Bitteschön und einen guten Aufenthalt.

Die Rezeptionistin erwidert auf Ihren Dank **je vous en prie** [Jö wuz_aN pri]. Wörtlich bedeutet dies *ich bitte Sie darum*. Duzt man sich, sagt man **je t'en prie** [Jö taN pri]. Umgangssprachlich hört man für *bitte* oder *gern geschehen* allerdings eher **de rien** [dö rjäN] oder **il n'y a pas de quoi** [il nja pa dö kua].

Erinnern Sie sich noch an das **bonne journée** aus Lektion 3, um einer schönen Tag zu wünschen? Hier finden Sie die Wendung **bon séjour** [boN seJur], um einen *guten Aufenthalt* zu wünschen. Möglich wären am Ende dieses Dialogs auch **bonne soirée** [bon suare] *schönen Abend* oder **bonnes vacances** [bon wakaNs] *schönen Urlaub*.

Jetzt sind Sie dran.

Setzen Sie im Dialog folgende Wörter richtig in die Lücken ein.

nuits étage double pièce d'identité clé aider passeport réservation

1. Bonsoir madame. Je peux vous _____ ?

2. Bonsoir, j'ai une _____ pour une chambre.

3. C'est une chambre simple ou une chambre _____ ?

4. Une chambre simple pour trois _____.

5. D'accord. Voilà votre réservation. Votre _____, s'il vous plaît.

6. Voilà mon _____.

7. Merci. Vous avez la chambre numéro 12 au deuxième _____.

Tenez la _____.

Lösung
1. aider; **2.** réservation; **3.** double; **4.** nuits;
5. pièce d'identité; **6.** passeport; **7.** étage, clé

Jetzt sind Sie dran.

Hier finden Sie eine Übersicht der Wörter, denen Sie in dieser Lektion begegnet sind.
Eine Möglichkeit zum Vokabellernen ist das Schreiben der Wörter auf Karteikarten:
Das französische Wort schreiben Sie am besten mit einem Beispielsatz auf die Vor-
derseite, das deutsche Wort auf die Rückseite. Wiederholen Sie dann die Vokabeln in
regelmäßigen Abständen in einem Umfang von 10 bis 15 Karteikarten.

TR. 24

l'hôtel (m.) [lotäl]	*das Hotel*
la réservation [la rezärwasjoN]	*die Reservierung*
la réception [la resäpsjoN]	*die Rezeption, der Empfang*
la nuit [la nüi]	*die Nacht*
la semaine [la sömän]	*die Woche*
le numéro [lö nümero]	*die Nummer*

l'étage (m.) [letaJ]	*die Etage, das Stockwerk*
premier, première [prömje, prömjär]	*erste(r)*
deuxième [dözjäm]	*zweite(r)*
troisième [truazjäm]	*dritte(r)*
la clé [la kle]	*der Schlüssel*

TR. 25

la chambre [la schaNbre]	*das Schlafzimmer*
la chambre double [la schaNbre dubl]	*das Doppelzimmer*
la chambre simple [la schaNbre säNpl]	*das Einzelzimmer*
la salle [la sal]	*der Saal, das Zimmer*
la salle de bains [la sal dö bäN]	*das Badezimmer*
la salle de séjour [la sal dö seJur]	*das Wohnzimmer*
la salle à manger [la sal a maNJe]	*das Esszimmer*
avec salle de bains [awäk sal dö bäN]	*mit Badezimmer*
avec vue sur la cour [awäk wü sür la kur]	*zur Hofseite hin*
avec vue sur la mer [awäk wü sür la mär]	*mit Meerblick*
avec balcon [awäk balkoN]	*mit Balkon*

TR. 26

quel, quelle, quels, quelles [käl]	*welche(r,s)*
À quel nom? [a käl noN]	*Auf welchen Namen?*
au nom de [o noN dö]	*auf den Namen*
la carte d'identité [la kart didaNtite]	*der Personalausweis*
la pièce d'identité [la pjäs didaNtite]	*Ausweispapiere*
le passeport [lö paspor]	*der Pass*
À quelle heure? [a käl ör]	*Um wie viel Uhr?*
l'heure (w.) [lör]	*die Stunde*
8 heures [üit_ör]	*8 Uhr*
de ... à [dö...a]	*von ... bis*
le petit-déjeuner [lö pöti-deJöne]	*das Frühstück*
le déjeuner [lö deJöne]	*das Mittagessen*
le dîner [lö dine]	*das Abendessen*

avoir [awuar]	*haben*
pouvoir [puwuar]	*können*
aider [äde]	*helfen*
pour [pur]	*für*
ou [u]	*oder*
à côté de [a kote dö]	*neben*

d'accord [dakor]	*einverstanden, in Ordnung*
O.K. [okä]	*o.k.*
l'instant (m.) [läNstaN]	*der Moment*
merci beaucoup [märsi boku]	*vielen Dank*
je vous en prie [Jö wuz_aN pri]	*bitte sehr* (Siezen)
je t'en prie [Jö taN pri]	*bitte sehr* (Duzen)
de rien [dö rjäN]	*bitte sehr, keine Ursache*
il n'y a pas de quoi [il nja pa dö kua]	*bitte sehr, keine Ursache*
bon séjour [boN seJur]	*guten Aufenthalt*
bonne soirée [boN suare]	*schönen Abend*

mon, ma, mes [moN, ma, me]	*mein, meine*
ton, ta tes [toN, ta, te]	*dein, deine*
son, sa, ses [soN, sa, se]	*sein, seine / ihr, ihre*
notre, nos [notr, no]	*unser, unsere*
votre, vos [wotr, wo]	*euer, eure / Ihr, Ihre*
leur, leurs [lör, lör]	*ihr, ihre*

Nun sind Sie bereit, erfolgreich in Ihrem gebuchten Hotel einzuchecken. Hören Sie sich zum Schluss den kompletten Dialog an der Hotelrezeption an.

TR. 30

- Bonsoir monsieur. Je peux vous aider ?
○ Bonsoir, j'ai une réservation pour une chambre double pour deux nuits.
- D'accord. C'est à quel nom ?
○ Bernhard Meier.
- Un instant, s'il vous plaît. Voilà votre réservation. Votre carte d'identité ou votre passeport, s'il vous plaît.
○ Voilà mon passeport.
- Merci. Vous avez la chambre numéro 10 au premier étage. Tenez la clé.
○ Merci beaucoup. Et à quelle heure est le petit-déjeuner ?
- Le petit-déjeuner est de 8h à 10h dans la salle à côté de la réception.
○ Merci madame.
- Je vous en prie et bon séjour.

Abschließend finden Sie in folgender Übersicht Satzbausteine, die Sie miteinander verbinden können, um hilfreiche Sätze für die Situation an der Hotelrezeption zu bilden.

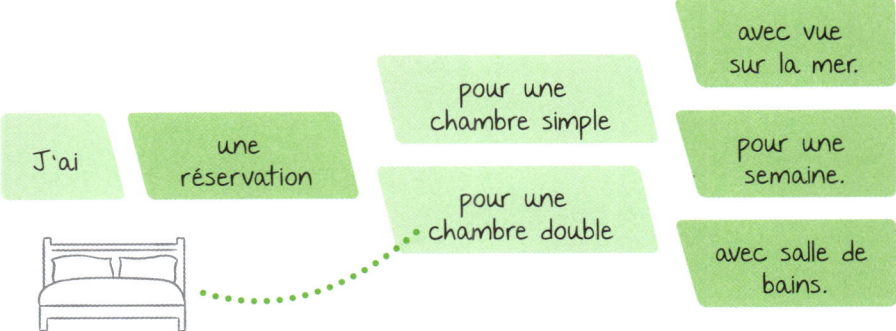

À L'OFFICE DE TOURISME
BEI DER TOURISTENINFORMATION

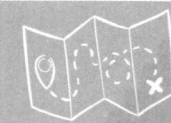

Sie sind an Ihrem Reiseziel angekommen und möchten sich nun gerne die Stadt ansehen. Wo sind die wichtigsten Sehenswürdigkeiten und wie kommt man dorthin? Antworten auf diese Fragen erhalten Sie bei der Touristeninformation. Folgende Vokabeln, die Sie vielleicht schon kennen, können Ihnen für die Situation nützlich sein.

le plan
Plan

le touriste
Tourist

l'information
Information

le musée
Museum

le centre
Zentrum

la cathédrale
Kathedrale

la place
Platz

intéressant
interessant

aider
helfen

où
wo

Nehmen wir einmal an, Ihr Reiseziel ist Lyon, die drittgrößte Stadt Frankreichs nach Paris und Marseille. Das **office de tourisme** [ofis dö turism] befindet sich auf dem **Place Bellecour** [plas belkur] mitten im Stadtzentrum von Lyon, welches auf einer Halbinsel liegt und von den Flüssen Rhône und Saône umgeben ist. Da Sie zum ersten Mal in Lyon sind, wollen Sie nun in der Touristeninformation wissen, welche Sehenswürdigkeiten die Stadt zu bieten hat. Sie werden gleich angesprochen:

| Bonjour monsieur, | je peux | vous aider ? |

[boNJur mösjö. Jö pö wuz_äde?]
Guten Tag, kann ich Ihnen helfen?

Dieser Satz kommt Ihnen wahrscheinlich bekannt vor. In den Lektion 4 begrüßte Sie die Rezeptionistin auf ähnliche Weise. Falls Sie in der Touristeninformation selbst das Gespräch eröffnen wollen, könnten Sie Folgendes sagen: **Bonjour, j'ai une question.** [boNJur, Jä ün kästjoN] *Guten Tag, ich habe eine Frage.* oder **Bonjour, j'ai besoin d'une information.** [boNJur, Jä bözuäN dün äNformasjoN] *Guten Tag, ich brauche eine Information / Auskunft.*

Jetzt sind Sie dran.

Nehmen Sie sich kurz Zeit für eine Ausspracheübung. In obigen Satz finden Sie zwei Wörter mit dem stimmhaften **sch-** Laut, den es im Deutschen außer in Fremdwörtern wie Journalist nicht gibt und für den wir in unserer Umschrift das Zeichen **J** gewählt haben. Sprechen Sie folgende Wörter laut aus und legen Sie sich dabei zur Kontrolle die Finger seitlich an die Kehle. Wenn Sie das **sch** stimmhaft sprechen, spüren Sie dort ein leichtes Vibrieren.

1. bonjour [boNJur]
2. je [Jö]
3. bonne journée [bon Jurne]
4. le petit-déjeuner [lö pöti-deJöne]
5. l'étage [letaJ]

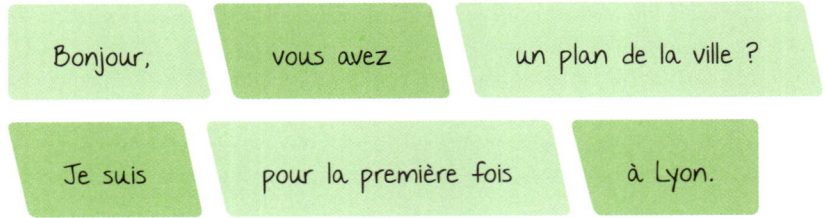

Bonjour,   vous avez   un plan de la ville ?

Je suis   pour la première fois   à Lyon.

[boNjur, wuz_awe äN plaN dö la wil? jö süi pur la prömjär fua a ljoN.]
Guten Tag, haben Sie einen Stadtplan? Ich bin das erste Mal in Lyon.

Als erstes fragen Sie nach einem Stadtplan **un plan de la ville** [äN plaN dö la wil]. Das können Sie entweder mit der Intonationsfrage machen: **Vous avez un plan de la ville?** *Haben Sie einen Stadtplan?* oder Sie verwenden die Wendung **J'ai besoin de...** [jä bö-zuäN dö], was mit *ich brauche* oder *ich benötige* übersetzt wird. In diesem Fall hieße es dann: **J'ai besoin d'un plan de la ville.** [jä bözuäN däN plaN dö la wil] *Ich brauche einen Stadtplan.* Für Städte benutzt man also das Wort **la ville** [la wil], für kleinere Orte bzw. Dörfer **le village** [lö wilaJ].

Um dem Mitarbeiter in der Touristeninformation zu verdeut-lichen, dass Sie sich in Lyon noch nicht auskennen, sagen Sie, dass Sie zum ersten Mal hier sind. Die Verbform **je suis** stammt von dem Verb **être** *sein*, das Sie bereits in der zweiten Lektion kennengelernt haben.

> **être** (*sein*)
> je suis
> tu es
> il / elle / on est
> nous sommes
> vous êtes
> ils / elles sont

In der letzten Lektion haben wir über die Ordnungszahlen gesprochen, bei denen die Form von *erste(r)* eine Ausnahme bildet, nämlich **premier** für die männlichen Substantive und **première**, wenn das nachfolgende Substantiv weiblich ist. In diesem Satz folgt auf **première** das weibliche Substantiv **fois** [fua] *Mal*, das man zum Beispiel auch in folgenden Wendungen findet: **une autre fois** [üN otr fua] *ein anderes Mal*, **plusieurs fois** [plüzjör fua] *mehrmals*, **la prochaine fois** [la proschän fua] *das nächste Mal*. Die weiteren Ord-nungszahlen werden aus der Grundzahl + **-ième** gebildet: **deuxième**, **troisième** etc.

Um zu sagen, dass man sich an einem Ort befindet, verwendet man **à**, wie Sie es be-reits in Lektion 2 gelernt haben.

Jetzt sind Sie dran.

Welcher Satz ist für die Situation angemessen? Wählen Sie jeweils die richtige Möglichkeit aus. Es können auch mehrere Möglichkeiten richtig sein.

1. Sie benötigen einen Stadtplan.
☐ **A** J'ai besoin d'un plan de la ville.
☐ **B** Où est le plan de la ville ?
☐ **C** Vous avez un plan de la ville ?

2. Sie brauchen eine Auskunft.
☐ **A** Je suis pour la première fois à Lyon.
☐ **B** J'ai besoin d'une information.
☐ **C** Où est l'office de tourisme ?

3. Sie wollen sagen, dass Sie zum zweiten Mal in Lyon sind.
☐ **A** Je suis pour la première fois à Lyon.
☐ **B** Je suis une autre fois à Lyon.
☐ **C** Je suis pour la deuxième fois à Lyon.

4. Sie haben eine Frage.
☐ **A** J'ai besoin d'un plan de la ville.
☐ **B** Bonjour, j'ai une question.
☐ **C** Je peux vous aider ?

Lösung
1. A, C; **2.** B; **3.** C; **4.** B

Oui, bien sûr.   Voilà   le plan.

Regardez,   nous sommes   ici.

Verben auf **-er**:
Verbstamm + Endungen **-e**, **-es**, **-e**, **-ons**, **-ez**, **-ent**
regarder (*schauen*)
je regard**e**
tu regard**es**
il / elle / on regard**e**
nous regard**ons**
vous regard**ez**
ils / elles regard**ent**

[üi, bjäN sür. wuala lö plaN. rögarde, nu somz_isi.]
Ja, selbstverständlich. Hier der Plan. Schauen Sie, wir sind hier.

Mit diesen Worten überreicht Ihnen der Mitarbeiter der Touristeninformation den Stadtplan. Die Zusammensetzung aus **bien** [bjäN] *gut* und **sûr** [sür] *sicher* ergibt im Deutschen den Ausdruck *selbstverständlich* oder *sicherlich*. Abgekürzt für **le plan de la ville** [lö plaN dö la wil] kann man auch einfach **le plan** [lö plaN] sagen.

Dann möchte Ihnen der Mitarbeiter auf dem Stadtplan zeigen, wo sich die Touristen-information befindet. Er fordert Sie daher mit der Befehlsform **regardez** auf, genau hinzuschauen. Die Befehlsform für die Höflichkeitsform *Schauen Sie!* bzw. für die 2. Person Plural *Schaut!* entspricht im Regelfall der 2. Person Plural: **vous regardez** wird zur Befehlsform **Regardez!**

Um zu sagen, wo man sich befindet, kann man unter anderem Adverbien des Ortes verwenden, wie zum Beispiel **ici** [isi] für *hier*. Ein weiteres wichtiges Ortsadverb ist **là** [la] *dort*.

Jetzt sind Sie dran.

Diese vielen kleinen „Wörtchen" braucht man häufig und kann sie sich doch oft schwer merken. Verbinden Sie die Wörter mit der richtigen deutschen Übersetzung.

1. à   ___ **A** dort

2. ici   ___ **B** von

3. et   ___ **C** wo

4. de   ___ **D** oder

5. où   ___ **E** und

6. là   ___ **F** hier

7. ou   ___ **G** in

Lösung
1. G; **2.** F; **3.** E; **4.** B;
5. C; **6.** A; **7.** D

| Le centre-ville de Lyon | est | très joli. |

[lö saNtr-wil dö ljoN ä trä Joli.]
Das Stadtzentrum von Lyon ist sehr schön.

Die Touristeninformation befindet sich direkt im Stadtzentrum, was im Französischen mit der Kombination aus **le centre** [lö saNtr] *das Zentrum* und **la ville** übersetzt wird. Um eine Zugehörigkeit auszudrücken (hier: *von Lyon, Lyons Stadtzentrum*) verwendet man im Französischen oft **de** + Substantiv.

Das Wort **très** kennen Sie aus der zweiten Lektion: **Ça va très bien.** *Es geht sehr gut.* In diesem Satz hier und im restlichen Dialog werden Ihnen mehrere Adjektive (Eigenschaftswörter) begegnen. Das Adjektiv **joli** [Joli] bedeutet so viel wie *hübsch* und *schön.* Alternativ könnte man hier auch sagen: **Le centre-ville de Lyon est très beau,** da **beau** [bo] ebenfalls *schön* bedeutet. Andere Adjektive, die in diesem Kontext vorkommen könnten, wären: **petit** [pöti] *klein,* **grand** [graN] *groß,* **intéressant** [äNteresaN] *interessant.*

Jetzt sind Sie dran.

Bilden Sie nun selbst die Sätze, die Sie bisher gelernt haben.

1. monsieur bonjour peux vous je aider ?

2. la plan bonjour ville avez vous un de ?

3. le sûr voilà oui plan bien .

4. nous ici regardez sommes .

5. est centre-ville très de grand Lyon le .

Lösung
1. Bonjour monsieur, je peux vous aider ?
2. Bonjour, vous avez un plan de la ville ?
3. Oui, bien sûr. Voilà le plan.
4. Regardez, nous sommes ici.
5. Le centre-ville de Lyon est très grand.

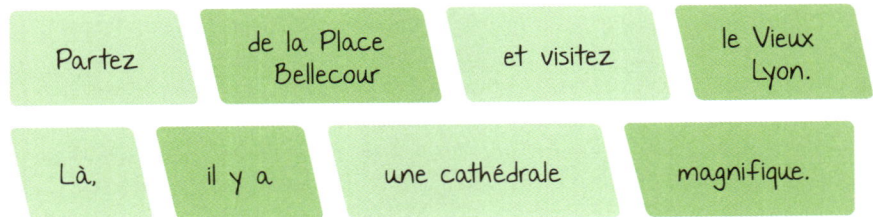

[parte dö la plas bälkur e wisite lö wjö ljoN. la, il ja ün katedral manjifik.]
Starten Sie vom Platz Bellecour und besichtigen Sie die Altstadt Lyon. Dort gibt es eine wunderschöne Kathedrale.

Der Mitarbeiter gibt Ihnen nun einen Tipp, wo Sie am besten Ihre Stadtbesichtigung beginnen und was Sie als Erstes ansehen sollten. Dazu verwendet er die Befehlsformen der Verben **partir** [partir] *weggehen, starten* und **visiter** [wisite] *besuchen, besichtigen.*

Das Verb **visiter** könnte Ihnen beim Einholen von Informationen ebenfalls hilfreich sein, zum Beispiel in den Wendungen **je voudrais visiter la cathédrale** [jö wudrä wisite la katedral] *ich möchte die Kathedrale besichtigen* oder **On peut visiter la cathédrale ?** [oN pö wisite la katedral?] *Kann man die Kathedrale besichtigen?*

> **partir** (*weggehen, starten*)
> je pars
> tu pars
> il / elle / on part
> nous partons
> vous partez
> ils / elles partent

Für Plätze verwendet man im Französischen das Wort **la place** [la plas]. Der **Place Bellecour** (auf Deutsch wörtlich übersetzt *Platz des schönen Hofs*) ist der größte Platz in Lyon und der drittgrößte Platz Frankreichs. Von dort aus erreicht man zu Fuß die Altstadt, die den Namen **Vieux Lyon** [wjö ljoN] *altes Lyon* trägt. Im Allgemeinen wird die Altstadt auf Französisch als **la vieille ville** [la wjäj wil] oder **le centre historique** [lö saNtr istorik] bezeichnet. Das *Vieux Lyon* gehört übrigens zum UNESCO Weltkulturerbe und ist wirklich einen Besuch wert.

Die Wendung **il y a** [il ja] wird im Französischen sehr oft gebraucht. Sie setzt sich aus **il a** *er hat* und dem Ortsadverb **y** [i] *dort* zusammen und wird im Deutschen mit *es gibt* übersetzt.

Eine weitere Sehenswürdigkeit in der Lyoner Altstadt ist die Kathedrale **la cathédrale** [la katedral] Saint-Jean aus dem 12. Jahrhundert. Das Adjektiv **magnifique** [manjifik] beschreibt etwas, was wunderschön, herrlich oder großartig ist. Die meisten Adjektive stehen im Französischen nach dem Substantiv, auf das sie sich beziehen.

Ausnahme von dieser Regel sind kurze Adjektive wie zum Beispiel **petit** [pöti] *klein*, **grand** [graN] *groß*, **bon** [boN] *gut*, **joli** [Joli] *hübsch*, **vieux** [wjö] *alt*, die meist vor dem Substantiv stehen. Es heißt also **une cathédrale magnifique**, aber **une grande cathédrale** *eine große Kathedrale.*
Im Folgenden lernen Sie weitere Orte kennen, die Sie in einer Stadt besichtigen könnten.

l'église (w.) [legliz]	*die Kirche*
l'hôtel de ville (m.) [lotäl dö wil]	*das Rathaus*
le château [lö schato]	*das Schloss, die Burg*
la tour [la tur]	*der Turm*
la cour [la kur]	*der Hof*
le pont [lö poN]	*die Brücke*
la fontaine [la foNtän]	*der Brunnen*
le parc [lö park]	*der Park*
la zone piétonne [la zon pjeton]	*die Fußgängerzone*
le port [lö por]	*der Hafen*
le marché couvert [lö marsche kuwär]	*die Markthalle*

Jetzt sind Sie dran.

Verbinden Sie die folgenden Satzanfänge mit dem jeweils passenden Satzende.

1. Je voudrais	___ **A** l'hôtel de ville ?
2. Partez	___ **B** une église magnifique.
3. On peut visiter	___ **C** visiter le château.
4. Là, il y a	___ **D** nous sommes ici.
5. J'ai besoin	___ **E** de la Place Jean Moulin.
6. Regardez,	___ **F** d'un plan de la ville.

Lösung
1. C; **2.** E; **3.** A; **4.** B; **5.** F; **6.** D

Merci. | Est-ce qu' | il y a | aussi

des musées intéressants | à Lyon ?

[märsi. Ä-s kil ja osi de müze äNteresaN a ljoN?]
Danke. Gibt es in Lyon auch interessante Museen?

Sie bedanken sich für diese Auskunft und stellen dann eine weitere Frage. Bis jetzt kennen Sie die Intonationsfrage. Zur Wiederholung: Sie nehmen einen normalen Aussagesatz und gehen am Satzende mit der Stimme hoch. So wird aus dem Aussagesatz eine Frage, wie zum Beispiel bei der Frage **Vous avez un plan de la ville ?**, die wir am Anfang des Gesprächs gesehen haben.

> Adjektive werden in Geschlecht und Zahl an das Substantiv angeglichen. Sie bekommen in der weiblichen Form ein **-e**, im Plural ein **-s**:
> **un musée intéressant**
> **une église intéressant<u>e</u>**
> **des musées intéressant<u>s</u>**
> **des églises intéressant<u>es</u>**

Jetzt lernen Sie eine weitere Möglichkeit kennen, um im Französischen Fragen zu bilden. Man nennt sie die **est-ce que-** Frage. Sie wird aus dem Fragewort **est-ce que** [äskö] und dem Aussagesatz gebildet. **Est-ce que** an sich hat in diesem Fall keine Bedeutung, sondern signalisiert dem Gesprächspartner, dass nun eine Frage folgt. Sie nehmen also den Satz: **Il y a aussi des musées intéressants à Lyon.** *Es gibt in Lyon auch interessante Museen.* und setzen **est-ce que** an den Anfang: **Est-ce qu'il y a aussi des musées intéressants à Lyon?** *Gibt es in Lyon auch interessante Museen?*
Beginnt das nachfolgende Wort mit einem Vokal, wird das **est-ce que** zu **est-ce qu'** verkürzt: **Est-ce qu'il y a... ?**

Jetzt sind Sie dran.

Bilden Sie aus den folgenden Aussagesätzen Fragen mit **est-ce que**.

1. Vous avez un plan de ville.

2. Il y a une cathédrale à Lyon.

3. Le centre-ville de Lyon est joli.

4. Il y a une zone piétonne à Lyon.

Lösung
1. Est-ce que vous avez un plan de la ville ?
2. Est-ce qu'il y a une cathédrale à Lyon ?
3. Est-ce que le centre-ville de Lyon est joli ?
4. Est-ce qu'il y a une zone piétonne à Lyon ?

Natürlich gibt es interessante Museen in Lyon:

Oui, par exemple le musée des Beaux-Arts ou le musée du cinéma.

[üi, par ägzaNpl lö müze de boz_ar u lö müze dü sinema.]
Ja, zum Beispiel das Kunstmuseum oder das Filmmuseum.

Der Mitarbeiter bejaht Ihre Frage. Anschließend nennt er mit **par exemple** [par ägzaNpl] *zum Beispiel* zwei interessante Museen.

Die französische Bezeichnung für das Kunstmuseum enthält das Adjektiv **beau** *schön*: **le musée des Beaux-Arts** [lö müze de boz_ar], wörtlich *das Museum der schönen*

Diese Adjektive haben für die Angleichung ans Substantiv Sonderformen:

m. Sg.	w. Sg.	m. Pl.	w. Pl.
beau	belle	beaux	belles
bon	bonne	bons	bonnes
vieux	vieille	vieux	vieilles
nouveau	nouvelle	nouveaux	nouvelles

Künste. Doch dieses Mal in einer anderen Form, nämlich **beaux** [bo]. Normalerweise wird das Adjektiv bei weiblichen Substantiven im Singular mit einem zusätzlichen **-e** am Wortende angeglichen und im Plural mit **-s**. Es gibt jedoch ein paar Adjektive, die in der weiblichen Form und in den Pluralformen unregelmäßig sind. Da das Wort **arts** für Künste männlich ist und im Plural steht, verwendet man die Form **beaux**. Zudem wird **beaux** vor das Substantiv gestellt. Weitere Adjektive mit Sonderformen sind unter anderem: **bon** [boN] *gut*, **vieux** [wjö] *alt* und **nouveau** [nuwo] *neu*.

Jetzt sind Sie dran.

Ergänzen Sie die Lücken mit dem passenden Adjektiv.

Beaux **joli** **Bonne** **intéressantes**

1. _____ journée !

2. Je voudrais visiter le musée des _____ -Arts.

3. Est-ce qu'il y a des places _____ à Lyon ?

4. Le centre-ville de Lyon est _____ .

Lösung
1. Bonne; **2.** Beaux; **3.** intéressantes; **4.** joli

| Où est | le musée des Beaux-Arts ? | – Je vous montre | sur le plan. |

[u ä lö muze de boz_ar? – Jö wu moNtr sür lö plaN]
Wo ist das Kunstmuseum? – Ich zeige es Ihnen auf der Karte.

Jetzt lernen Sie eine hilfreiche Frage kennen, nämlich die Frage **Où est…?** [u ä] *Wo ist…?* Hier wird nach dem Kunstmuseum gefragt, doch Sie können einfach das Substantiv ersetzen, wie z.B. in **Où est l'office de tourisme?** [u ä lofis dö turism] *Wo ist die Touristeninformation?*

Der Mitarbeiter der Touristeninformation zeigt Ihnen dann auf der Karte, wo sich das Museum befindet. Er verwendet dafür das regelmäßige Verb **montrer** *zeigen* und die

Präposition **sur** *auf*, die Sie vielleicht aus dem berühmten französischen Kinderlied **Sur le pont d'Avignon** kennen. Verwechseln Sie nicht **sur** [sür] *auf* mit **sûr** [sür] *sicher*.

Jetzt sind Sie dran.

Fragen Sie, wo sich folgende Sehenswürdigkeiten befinden.

1. Wo ist das Rathaus?

2. Wo ist das Museum Tony Garnier?

3. Wo ist das Stadtzentrum?

4. Wo ist die Kirche Notre-Dame de Fourvière?

Lösung
1. Où est l'hôtel de ville ?
2. Où est le musée Tony Garnier ?
3. Où est le centre-ville ?
4. Où est l'église Notre-Dame de Fourvière ?

[rögarde lö müze ät_isi. sät_a di minüt a pje.]
Schauen Sie, das Museum ist hier. Es ist zehn Gehminuten entfernt.

Die Teile des ersten Satzes sollten Sie nun schon verstehen, kommen wir daher zum zweiten Satz. Um eine zeitliche Entfernung anzugeben, kann man die Wendung **C'est à dix minutes.** [sät_a di minüt] *Es ist 10 Minuten entfernt.* verwenden. Der Ausdruck **à pied** [a pje] gibt an, dass sich die Entfernung in zehn Minuten zu Fuß bewältigen lässt. Wäre das Museum weiter weg, hätten Sie vielleicht folgende Wendungen gehört: **en bus** [aN büs] *mit dem Bus*, **en métro** [aN metro] *mit der U-Bahn* oder **en voiture** [aN wuatür] *mit dem Auto.*

Jetzt sind Sie dran.

Wie kann man auf die folgenden Aussagen antworten?

1. Je peux vous aider ?
- ☐ **A** Bonne journée !
- ☐ **B** Je voudrais un plan de la ville.
- ☐ **C** Il y a des musées intéressants.

2. Où est le musée ?
- ☐ **A** C'est à 5 minutes à pied.
- ☐ **B** Le centre-ville est joli.
- ☐ **C** Je suis pour la première fois à Lyon.

3. Voilà le plan.
- ☐ **A** Bonjour !
- ☐ **B** Merci beaucoup.
- ☐ **C** Au revoir !

4. Est-ce qu'il y a des musées intéres-sants ?
- ☐ **A** Nous sommes ici.
- ☐ **B** Là, il y a une grande cathédrale.
- ☐ **C** Oui, le musée du cinéma.

Lösung
1. B; **2.** A; **3.** B; **4.** C

| Merci beaucoup. | – Merci | et bonne journée. |

[märsi boku. – märsi e bon Jurne]
Vielen Dank. – Danke und einen schönen Tag.

Diesen Teil des Gesprächs verstehen Sie bereits problemlos. Daher kommen wir zu einer abschließenden Übung. Hier können Sie zeigen, dass Sie nun in der Lage sind, eigenständig auf Französisch Auskünfte bei der Touristeninformation einzuholen.

Jetzt sind Sie dran.

Bringen Sie folgendes Gespräch bei der Touristeninformation in die richtige Reihenfolge.

A Oui, par exemple le Louvre ou le musée d'Orsay.

B Je voudrais un plan de la ville, s'il vous plaît.

C Voilà le plan.

D Regardez, nous sommes ici. C'est à 10 minutes en métro.

E Bonjour madame, je peux vous aider ?

F Est-ce qu'il y a des musées d'art intéressants à Paris ?

G Merci beaucoup et au revoir.

H Où est le Louvre ?

Richtige Reihenfolge:

Lösung
Richtige Reihenfolge: E, B, C, F, A, H, D, G

Jetzt sind Sie dran.

Am besten prägen sich die neuen Wörter ein, wenn sie in einem Zusammenhang gelernt werden. Wenn Sie zum Beispiel **le plan de la ville** lernen möchten, schreiben Sie sich dazu einen Satz wie **Je voudrais un plan de la ville.** auf. Eine andere Möglichkeit ist es, Wörter aus der gleichen Wortfamilie zu suchen. So würden zu **la ville** folgende Wörter passen: **le plan de la ville**, **le centre-ville**, **la vieille ville**, **l'hôtel de ville**.

· ·

l'office de tourisme (m.) [lofis dö turisme]	*die Touristeninformation*	TR. 31
la ville [la wil]	*die Stadt*	🎧
le plan de la ville [lö plaN dö la wil]	*der Stadtplan*	
le centre-ville [lö saNtr-wil]	*das Stadtzentrum*	
la vieille ville [la wjäj wil]	*die Altstadt*	
le centre historique [lö saNtr istorik]	*der historischer Stadtkern*	
le village [lö wilaJ]	*das Dorf*	

5   À L'OFFICE DE TOURISME

TR. 32

la place [la plas]   der Platz
la cathédrale [la katedral]   die Kathedrale
l'église (w.) [legliz]   die Kirche
le château [lö schato]   das Schloss
la tour [la tur]   der Turm
la cour [la kur]   der Hof
le pont [lö poN]   die Brücke
la fontaine [la foNtän]   der Brunnen

TR. 33

le parc [lö park]   der Park
la zone piétonne [la zon pjeton]   die Fußgängerzone
le port [lö por]   der Hafen
le marché couvert [lö marsche kuwär]   die Markthalle
le musée [lö müze]   das Museum
le musée des Beaux-Arts [lö müze de   das Kunstmuseum
boz_ar]
le cinéma [lö sinema]   das Kino

TR. 34

l'information (w.) [läNformasjoN]   die Information
avoir besoin de [awuar bözuäN dö]   brauchen, benötigen
la question [la kästjoN]   die Frage
est-ce que [äs kö]   Fragewort, nicht übersetzbar
la fois [la fua]   das Mal
une autre fois [ün otr fua]   ein anderes Mal
plusieurs fois [plüzjör fua]   mehrmals
la prochaine fois [la proschän fua]   das nächste Mal

TR. 35

sûr [sür]   sicher
bien sûr [bjäN sür]   natürlich
ici [isi]   hier
là [la]   dort
par exemple [par ägzaNpl]   zum Beispiel

il y a [il ja]	*es gibt*
sur [sür]	*auf*

TR. 36

joli [Joli]	*hübsch, schön*
beau, belle, beaux, belles [bo, bäl, bo, bäl]	*schön*
bon, bonne, bons, bonnes [boN, bon, boN, bon]	*gut*
petit [pöti]	*klein*
grand [graN]	*groß*
intéressant [äNteresaN]	*interessant*
magnifique [manjifik]	*großartig*
vieux, vieille, vieux, vieilles [wjö, wjäj, wjö, wjäj]	*alt*
nouveau, nouvelle, nouveaux, nouvelles [nuwo, nuwäl, nuwo, nuwäl]	*neu*

TR. 37

regarder [rögarde]	*schauen*
montrer [moNtre]	*zeigen*
partir [partir]	*losgehen, starten*
visiter [wisite]	*besichtigen*
c'est à... minutes [sät_a... minüt]	*... Minuten entfernt*
la minute [la minüt]	*die Minute*
à pied [a pje]	*zu Fuß*
en bus [aN büs]	*mit dem Bus*
en métro [aN metro]	*mit der Metro*
en voiture [aN wuatür]	*mit dem Auto*

5 À L'OFFICE DE TOURISME

Nun können Sie bei der Touristeninformation Auskünfte zu Ihrem Reiseziel einholen.
Hören Sie sich zum Abschluss den ganzen Dialog an.

TR. 38

- Bonjour monsieur, je peux vous aider ?
- Bonjour, vous avez un plan de la ville ? Je suis pour la première fois à Lyon.
- Oui, bien sûr. Voilà le plan. Regardez, nous sommes ici. Le centre-ville de Lyon est très joli. Partez de la place Bellecour et visitez le Vieux Lyon. Là, il y a une cathédrale magnifique.
- Merci. Est-ce qu'il y a aussi des musées intéressants à Lyon ?
- Oui, par exemple le musée des Beaux-Arts ou le musée du cinéma.
- Où est le musée des Beaux-Arts ?
- Je vous montre sur le plan. Regardez, le musée est ici. C'est à dix minutes à pied.
- Merci beaucoup.
- Merci et bonne journée.

Abschließend finden Sie hier ein paar Möglichkeiten, wie Sie mit wenigen Bausteinen
auf einfache Weise verschiedene Sätze bilden können.

Est-ce qu' · il y a · des musées intéressants ? · une cathédrale ? · une zone piétonne ?

6 OÙ EST LE MUSÉE ?
WO IST DAS MUSEUM?

Sie lernen in dieser Lektion, nach dem Weg zu fragen und eine Wegbeschreibung zu verstehen. Dabei werden Ihnen Wörter aus den vorherigen Lektionen helfen. Rufen Sie sich folgende Vokabeln, die Sie bereits kennen gelernt haben, in Erinnerung.

le musée
Museum

là
dort

où
wo

la place
Platz

ici
hier

la rue
Straße

de rien
bitte

le pont
die Brücke

merci beaucoup
vielen Dank

il y a
es gibt

Sie möchten ins Museum, wissen aber nicht genau, wie Sie hinkommen. Daher spre-chen Sie einen Passanten an, um nach dem Weg zu fragen.

[äksküze-mua madam. Jö schärsch lö müze dü sinema.]
Entschuldigen Sie. Ich suche das Filmmuseum.

Die erste Wendung in diesem Satz ist sehr wichtig: **excusez-moi** kommt vom Verb **excuser** [äksküze] *entschuldigen*. In der vorherigen Lektion haben wir bereits über die Befehlsform gesprochen. Diese Form wird auch für die Wegbeschreibung eine wichtige Rolle spielen. Für den Ausdruck **excusez-moi**, den man mit *entschuldigen Sie (mich)* oder einfach mit *Entschuldigung / Verzeihung* übersetzen kann, nimmt man die Befehls-form im Plural und das betonte Personalpronomen von *je*, nämlich **moi** [mua], welches im Deutschen mit *ich* oder *mich* übersetzt wird. Wenn man jemanden duzt, verwendet man die Befehlsform im Singular, sprich **excuse-moi** [äksküz-mua]. Eine Alternative zu dieser Wendung ist **pardon** [pardoN], was auch *Entschuldigung* oder *Verzeihung* bedeu-tet. Sie könnten also den Dialog auch folgendermaßen beginnen: **Pardon madame. Je cherche le musée du cinéma.** [pardoN madam. Jö schärsch lö müze dü sinema.]

Den zweiten Satz werden Sie wahrscheinlich bis auf das Verb **chercher** verstehen. Die deutschen Fremdwörter *Recherche* oder *recherchieren* könnten hier eine gute Esels-brücke sein, um sich **chercher** für *suchen* zu merken.

Sie könnten den Dialog aber auch mit einer Frage beginnen: **Excusez-moi madame. Où est le musée du cinéma?** [äksküze-mua madam. u ä lö müze dü sinema?] *Entschul-digen Sie. Wo ist das Filmmuseum?* Eine weitere Möglichkeit wäre, um Hilfe zu bitten und zu fragen, ob das Kinomuseum in der Nähe ist: **Pardon madame, pourriez-vous m'aider? Est-ce que le musée du cinéma est près d'ici?** [pardoN madam. purje-wu mäde? as kö lö müze dü sinema ä prä disi?] *Entschuldigen Sie. Könnten Sie mir helfen? Ist das Kinomuseum hier in der Nähe?* Die Form **pourriez** ist eine Höflichkeitsform des Verbs **pouvoir** [puwuar] *können*. Die Präposition **près (de)** [prä (dö)] bedeutet *in der Nähe (von)* und kommt bei Wegbeschreibungen häufig vor.

Jetzt sind Sie dran.

Stellen Sie sich nun vor, dass Sie in Paris unterwegs sind. Sie erkundigen sich, wie Sie zu folgenden Sehenswürdigkeiten kommen. Bringen Sie die Wörter in die richtige Reihenfolge.

1. monsieur le musée du Louvre est excusez-moi où **?**

2. cherche l'Hôtel de ville madame je pardon **.**

3. l'Arc de triomphe excusez-moi est madame près est-ce que d'ici **?**

Lösung
1. Excusez-moi monsieur, où est le musée du Louvre ?
2. Pardon madame. Je cherche l'Hôtel de ville.
3. Excusez-moi madame. Est-ce que l'Arc de triomphe est près d'ici ?

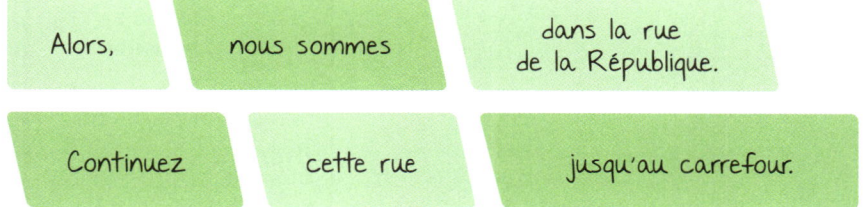

Alors,   nous sommes   dans la rue de la République.

Continuez   cette rue   jusqu'au carrefour.

[alor, nu som daN la rü dö la repüblik. koNtinüe sät rü Jüsko karfur.]
Also, wir sind in der Rue de la République. Gehen Sie diese Straße weiter bis zur Kreuzung.

Als erstes erklärt Ihre Gesprächspartnerin Ihnen, wo Sie sich momentan befinden. Um zu sagen, dass man sich in einer bestimmten Straße befindet, verwendet man im Französischen die Wendung **être dans la rue +** Straßennamen [ätr daN la rü].

Hier einige Zusatzbegriffe:

la rue [la rü]	*die Straße*
le boulevard [lö bulwar]	*der Boulevard*
l'avenue (m.) [lawönü]	*die Avenue*
le chemin [lö schömäN]	*der Weg*
le quai [lö ke]	*die Uferstraße*

Ein **boulevard** [bulwar] oder eine **avenue** [awönü] bezeichnen breitere meist von Bäumen gesäumte Straßen in Städten. Berühmt sind die **Avenue des Champs-Élysées** und die **Grands Boulevards** in Paris. Das Wort *Weg* wird mit **le chemin** [lö schömäN] übersetzt und *nach dem Weg fragen* heißt folglich **demander son chemin** [dömaNde soN schömäN].

Sie befinden sich also in der **Rue de la République**. Diese Straße sollen Sie nun bis zur Kreuzung weitergehen. Für diese Angabe verwendet Ihr Gegenüber die Befehlsform in der Höflichkeitsform. Diese endet immer auf **-ez**, wie Sie es in der vorherigen Lektion gelernt haben. Das Verb **continuer** [koNtinüe] können Sie vielleicht durch das Fremdwort *kontinuierlich* erschließen. Es bedeutet *weitergehen*, *weitermachen* und *fortsetzen*, wobei hier ersteres am besten passt.
Um deutlich zu machen, dass Sie genau diese Straße weitergehen sollen, gebraucht die Frau eine Form des Demonstrativbegleiters **ce** [sö] *dieser*, nämlich die weibliche Singularform **cette** [sät] *diese*.

> Der Demonstrativbegleiter **ce** *diese(-r,-s)* wird in Geschlecht und Zahl an das Bezugswort angeglichen:
>
> | m. Sg. | **ce musée / cet hôtel** |
> |---|---|
> | w. Sg. | **cette rue** |
> | m. / w. Pl. | **ces musées** **ces rues** **ces hôtels** |
>
> Bei männlichen Substantiven, die mit Vokal oder stummem h anfangen, steht **cet**.

Der erste Teil der Wegbeschreibung endet mit der Ortsangabe **jusqu'au carrefour** [Jüsko Karfur] *bis zur Kreuzung*, die sich aus der Präposition **jusque** [Jüsk] *bis*, dem Wörtchen **au** und dem Substantiv **le carrefour** [lö karfur] *die Kreuzung* zusammensetzt. Wenn das nächste Wort mit Vokal beginnt, wird **jusque** zu **jusqu'** apostrophiert.

Eine kleine Anmerkung zu dem Wörtchen **au**. Hier trifft die Präposition **à** auf den männlichen Artikel **le** und die beiden verschmelzen miteinander zu **au** [o]. Das passiert auch im

> à + le = **au**
> à + les = **aux**

Plural, wenn **à** und **les** zu **aux** [o] verschmelzen, wie im folgenden Beispiel: **Continuez jusuq'aux Champs-Élysées.** *Gehen Sie bis zu den Champs-Élysées weiter.*

Jetzt sind Sie dran.

Nehmen wir uns mal wieder kurz Zeit für die Aussprache. Im obigen Satz kommt der Laut [ü] fünfmal vor. Im Französischen wird der Buchstabe **u**, wenn er nicht in Kombination mit **o**, **a** oder einem vorausgehenden **e** steht, wie das deutsche **ü** ausgesprochen. Sprechen Sie die Wörter erst allein und dann zusammen im ganzen Satz.

1. la r**u**e [la rü]
2. la rép**u**blique [la repüblik]
3. contin**u**er [koNtinüe]
4. j**u**sque [Jüsk]
5. Alors, nous sommes dans la r**u**e de la Rép**u**blique. Contin**u**ez cette r**u**e j**u**squ'au carrefour. [alor, nu som daN la rü dö la repüblik. koNtinüe sät rü Jüsko karfur.]

Und nun geht es weiter mit der Wegbeschreibung:

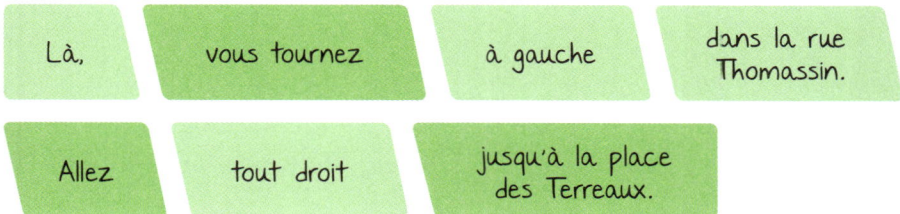

[la, wu turne a gosch daN la rü tomasäN. Ale tu drua Jüska la plas de tero.]
Dort biegen Sie nach links in die Rue Thomassin. Gehen Sie geradeaus weiter bis zum Place des Terreaux.

In der vorherigen Lektion haben Sie bereits die Ortsangaben **ici** *hier* und **là** *dort* gelernt. Neu sind nun Richtungsangaben, die für Wegbeschreibungen äußerst wichtig sind:

à gauche [a gosch]   *links*
à droite [a druat]   *rechts*
tout droit [tu drua]   *geradeaus*

Diese Richtungsangaben werden meistens in Kombination mit den Verben **aller** [ale] *gehen* oder **tourner** [turne] *abbiegen* verwendet. Um zu sagen, in welche Straße abgebogen werden soll, verwendet man die Präposition **dans** [daN] *in*: **tourner à gauche dans la rue…** [turne a gosch daN la rü] *nach links in die Straße … abbiegen*.
Rechts und links können auch mit der Präposition **sur** [sür] *auf* verwendet werden: **sur votre gauche** [sür wotr gosch] *auf Ihrer linken Seite*.
Hier noch weitere Orte, die in einer Wegbeschreibung vorkommen könnten:

le feu [lö fö]	*das Feuer,* hier: *die Ampel*
le panneau [lö pano]	*das Schild*
le supermarché [lö süpärmarsche]	*der Supermarkt*
le restaurant [lö rästoraN]	*das Restaurant*
la pharmacie [la farmasi]	*die Apotheke*
la station de métro [la stasjoN dö metro]	*die U-Bahnstation*
l'arrêt de bus (m.) [larä dö büs]	*die Bushaltestelle*
la gare [la gar]	*der Bahnhof*
la poste [la post]	*die Post*
la banque [la baNk]	*die Bank*
le pont [lö poN]	*die Brücke*

Jetzt sind Sie dran.

Formulieren Sie nun Angaben einer Wegbeschreibung mit Hilfe der Satzbausteine.

1. tournez à droite rue Victor Hugo la dans .

2. prenez deuxième rue à gauche la .

3. allez tout droit jusqu'à banque la .

Lösung
1. Tournez à droite dans la rue Victor Hugo.
2. Prenez la deuxième rue à gauche.
3. Allez tout droit jusqu'à la banque.

Und nun kommen Sie langsam an Ihr Ziel:

Traversez	la place	et vous arrivez	en face du musée.

[trawärse la plas e wuz_ariwe aN fas dü müze.]
Überqueren Sie den Platz und Sie kommen direkt vor dem Museum an.

Ein Verb, das Sie in Wegbeschreibungen oft hören können, ist **traverser** [trawärse] *überqueren*. Mögliche Verbindungen sind neben **taverser la place** zum Beispiel: **traverser la rue** *die Straße überqueren* und **traverser le pont** *die Brücke überqueren*.

Um zu sagen, dass man am Ziel ist, verwendet man das Verb **arriver** [ariwe] *ankommen*. oder auch: **Vous êtes en face du musée.** *Sie sind direkt vor dem Museum.* Die Wendung **en face de** [aN fas dö] bedeutet *gegenüber, direkt vor*.

Hier noch weitere Ortsangaben:

au coin de [o KuäN dö]	*an der Ecke von*
à la fin de [a la fäN dö]	*am Ende von*
au début de [o debü dö]	*am Anfang von*
à coté de [a kote dö]	*neben*
devant [dewaN]	*vor*
derrière [därjär]	*hinter*
près de [prä dö]	*in der Nähe von*
loin de [luäN dö]	*weit entfernt von*

Jetzt sind Sie dran.

Ordnen Sie die Übersetzung der jeweiligen Ortsangabe richtig zu.

1. am Ende der Straße   ____ **A** à côté de la poste

2. vor dem Bahnhof   ____ **B** au coin de la rue

3. an der Straßenecke   ____ **C** près de l'hôtel

4. neben der Post   ____ **D** devant la gare

5. in der Nähe des Hotels   ____ **E** à la fin de la rue

Lösung
1. E; **2.** D; **3.** B; **4.** A; **5.** C

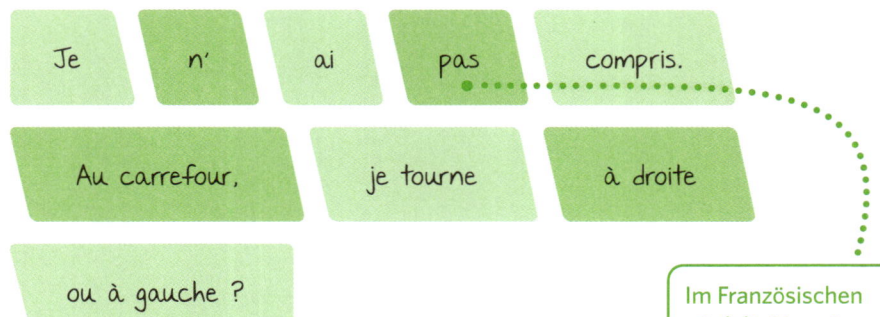

Je   n'   ai   pas   compris.

Au carrefour,   je tourne   à droite

ou à gauche ?

[Jö nä pa koNpri. o karfur Jö turn a druat u a gosch?]
Ich habe es nicht verstanden. Biege ich an der Kreuzung nach rechts oder nach links ab?

Nachdem Ihnen der Weg zum Museum erklärt wurde, kann es natürlich vorkommen, dass Sie auf Anhieb nicht alles verstanden haben. Das ist ja nicht weiter schlimm! Entweder Sie bitten Ihr Gegenüber, das Gesagte noch einmal zu wiederholen **Vous pouvez répéter, s'il vous plaît ?** [wu puwe repete, sil wu plä?] *Können Sie bitte wiederholen?* Oder Sie haken bei der Angabe, die Sie nicht genau verstanden haben, noch einmal nach.

Für die zweite Variante sagen Sie, wie in unserem Beispieldialog, **je n'ai pas compris** [Jö nä pa koNpri] *ich habe nicht verstanden*. Wir wollen diesen Satz einmal entschlüsseln: **compris** ist ein Partizip und stammt vom Verb **comprendre** [koNpraNdr] *verstehen* ab. Zusammen mit **j'ai** [Jä] *ich habe* bildet es die Vergangenheitsform: **j'ai compris** [Jä koNpri] *ich habe verstanden*. Da Sie aber leider nicht alles verstan-

> Im Französischen wird die Verneinung mit **ne ... pas** ausgedrückt, **ne** steht vor dem konjugierten Verb, **pas** danach: **Je ne cherche pas le musée.** **Ne** wird vor Vokal oder stummen h zu **n'** verkürzt.

> Die Vergangenheit (**passé composé**) wird gebildet aus der Form von **avoir** *haben* oder **être** *sein* und dem Partizip des Verbs: **j'ai compris** [Jä koNpri] *ich habe verstanden.*

den haben, brauchen Sie die Verneinung. Diese umschließt mit **ne** und **pas** das konjugierte Verb. Diese Verneinung, die aus zwei Elementen besteht ist sicherlich ein wenig gewöhnungsbedürftig, aber mit etwas Übung schaffen Sie das.

Im Anschluss daran haken Sie an der Stelle nach, die Sie nicht genau verstanden haben. Hier verwenden Sie die Intonationsfrage, möglich wäre aber auch die Frage mit **est-ce que**: **Au carrefour, est-ce que je tourne à droite ou à gauche?** [o karfur, äs kö Jö turn a druat u a gosch?] *Biege ich an der Kreuzung nach rechts oder nach links ab?*

Jetzt sind Sie dran.

Jetzt üben Sie, Sätze zu verneinen. Bringen Sie die Satzbausteine in eine richtige Reihenfolge. Die deutsche Übersetzung kann Ihnen dabei helfen.

1. pas **je** **l'office de tourisme** **ne** **cherche** *Ich suche nicht die Touristeninformation.*

2. compris **ai** **je** **n'** **pas** *Ich habe nicht verstanden.*

3. Lyon **pas** **je** **suis** **ne** **de** *Ich komme nicht aus Lyon.*

4. ici **pas** **je** **suis** **d'** **ne** *Ich bin nicht von hier.*

Lösung
1. Je ne cherche pas l'office de tourisme.
2. Je n'ai pas compris.
3. Je ne suis pas de Lyon.
4. Je ne suis pas d'ici.

| Vous devez | prendre | la rue à gauche. |

[wu döwe praNdr la rü a gosch.]
Sie müssen links abbiegen.

Die Passantin erklärt auf Ihre Nachfrage erneut, welchen Weg Sie an der Kreuzung einschlagen sollen. Sie verwendet dabei das unregelmäßige Verb **devoir** [döwuar] *müssen, sollen.*

> **devoir** (*müssen*)
> je dois
> tu dois
> il / elle / on doit
> nous devons
> vous devez
> ils / elles doivent

An dieser Stelle können wir noch ein paar Angaben ergänzen, die typisch für eine Wegbeschreibung sind. Zum einen sind das zeitliche Angaben, die wir auch schon in der Lektion 5 gesehen haben, wie zum Beispiel: **C'est à 5 minutes à pied.** *Das ist fünf Gehminuten von hier.* Oder: **C'est à 5 minutes d'ici.** *Das ist fünf Minuten von hier entfernt.*

Zum anderen sind auch folgende Angaben zur Entfernung nützlich:
Allez tout droit. Après 100 mètres, vous arrivez... [ale tu drua. aprä saN mätr, wu
ariwe...] *Gehen Sie geradeaus. Nach 100 Metern kommen Sie ...*
C'est à 200 mètres d'ici. [sät_a dö saN mätr disi.] *Das ist 200 Meter von hier entfernt.*

Es kann natürlich auch mal sein, dass Sie in die ganz falsche Richtung gelaufen sind:
Vous devez faire demi-tour et allez dans l'autre direction. [wu döwe fär dömi-tur e ale
daN lotr diräksjoN] *Sie müssen umdrehen und in die andere Richtung gehen.*

Jetzt sind Sie dran.

Vervollständigen Sie Wegbeschreibung mit den angegebenen Wörtern.

beaucoup rue cherche ici arrivez droit traversez

- Pardon monsieur, je **1.**　　　　l'hôtel de ville.
- Alors, nous sommes **2.**　　　　. Allez tout **3.**　　　　. Après 300
mètres **4.**　　　　le pont Mirabeau. Continuez sur 100 mètres et prenez la
première **5.**　　　　à gauche. Vous **6.**　　　　en face de l'hôtel de ville.
- Merci **7.**　　　　et au revoir.

Lösung
1. cherche; **2.** ici; **3.** droit; **4.** traversez;
5. rue; **6.** arrivez; **7.** beaucoup

D'accord.

Merci beaucoup.

– De rien.

[dakor. märsi boku.- dö rjäN.]
In Ordnung. Vielen Dank. - Nichts zu danken.

Dank der Nachfrage haben Sie die Wegbeschreibung nun komplett verstanden, was
Sie durch das **d'accord** zu erkennen geben. Oder Sie betonen, dass Sie *jetzt* **maintenant**
[mäNtönaN], *alles* **tout** [tu] verstanden haben:
Maintenant, j'ai tout compris. [mäNtönaN Jä tu koNpri] *Jetzt habe ich alles verstanden.*

Sie bedanken sich dann anschließend für die Auskunft, worauf Ihre D alogpartnerin mit **de rien** antwortet. Dies ist eine andere Möglichkeiten, *bitte / nichts zu danken* zu sagen. Sie haben dafür bereits **je vous en prie** kennengelernt.

Jetzt sind Sie dran.

Wiederholen wir nun, wie man auf folgende Aussagen antworten kann. Es können auch mehrere Möglichkeiten richtig sein.

1. Bonne journée !
- ☐ **A** Enchantée.
- ☐ **B** À vous aussi.
- ☐ **C** Je vous en prie.

2. Je suis Marie Notard.
- ☐ **A** De rien.
- ☐ **B** À toi aussi.
- ☐ **C** Enchanté.

3. Merci beaucoup.
- ☐ **A** De rien.
- ☐ **B** Je t'en prie.
- ☐ **C** À toi aussi.

4. Vous devez tourner à gauche.
- ☐ **A** D'accord.
- ☐ **B** Je t'en prie.
- ☐ **C** Je n'ai pas compris.

Lösung
1. 3; **2.** C; **3.** A, B; **4.** A, C

Au revoir   madame.   – Au revoir.

[o röwuar madam.- o röwuar.]
Auf Wiedersehen. - Auf Wiedersehen.

Die Verabschiedung am Ende eines Gesprächs haben wir nun schon mehrmals geübt. Kommen wir deshalb noch zu etwas anderem. Es kann natürlich auch passieren, dass Sie einen Passanten ansprechen, der den Weg ebenfalls nicht kennt. Dann müssen Sie auf folgende Aussagen gefasst sein: **Désolé, je ne suis pas d'ici.** [desole, Jö nö süi pa disi.] *Tut mir leid, ich bin nicht von hier.* Oder: **Désolé, je ne sais pas.** [desole, Jö nö sä pa.] *Tut mir leid, ich weiß es nicht.*
Es könnte auch sein, dass Sie die folgende Antwort erhalten: **Vous êtes loin du musée du cinéma. Vous devez prendre le bus ou le métro.** [wuz_et luäN dü müse dü sinema. wu döwe praNdr lö büs u lö metro] *Sie sind weit vom Kinomuseum entfernt. Sie müssen den Bus oder die U-Bahn nehmen.*

In beiden Fällen bedanken und verabschieden Sie sich trotzdem kurz mit einem **merci beaucoup et au revoir** [märsi bocu et o röwuar].

Jetzt sind Sie dran.

Lesen Sie zuerst folgende Wegbeschreibung durch und kreuzen Sie danach an, welche Angaben richtig sind.

Alors, nous sommes ici, sur la place Jean Macé. Traversez cette place et prenez l'avenue Leclerc. Après 200 mètres, tournez à droite dans la rue Lortet. Allez tout droit jusqu'à la pharmacie. Là, vous prenez la première rue à gauche. À la fin de la rue, vous arrivez devant l'office de tourisme.

1. Sie müssen zuerst ...
- ☐ A einen Platz überqueren.
- ☐ B eine Brücke überqueren.

2. Von der Avenue Leclerc biegen Sie ...
- ☐ A nach links ab.
- ☐ B nach rechts ab.

3. Anschließend gehen Sie geradeaus bis zur ...
- ☐ A Post.
- ☐ B Apotheke.

4. Danach biegen Sie in die ... Straße nach links ein.
- ☐ A erste
- ☐ B zweite

5. Die Touristeninformation befindet sich ... der Straße.
- ☐ A am Anfang
- ☐ B am Ende

Lösung
1. A; **2.** B; **3.** B; **4.** A; **5.** B

Jetzt sind Sie dran.

Gibt es Vokabeln, die Sie sich einfach nicht merken können? Schreiben Sie diese Vokabeln auf ein großes Blatt Papier und hängen Sie dieses „Vokabelposter" an einer Stelle auf, an die Sie oft schauen müssen. Mit der Zeit werden Sie es so schaffen, sich auch diese „widerspenstigen" Vokabeln einzuprägen!

TR. 39

excuser [äksküze]	*entschuldigen*
moi [mua]	*mich, ich* (betontes Personalpronomen)
Excusez-moi ! [äksküze-mua]	*Entschuldigen Sie!*

Excuse-moi ! [äksküz-mua]	*Entschuldige!*
Pardon ! [pardoN]	*Entschuldigung!*
Désolé (e) ! [desole]	*Tut mir leid!*

TR. 40

chercher [schärche]	*suchen*
le chemin [lö schömäN]	*der Weg*
demander son chemin [dömaNde soN schömäN]	*nach dem Weg fragen*
la rue [la rü]	*die Straße*
l'avenue (w.) [lawönü]	*die Avenue, Allee*
le boulevard [lö bulwar]	*der Boulevard*
le quai [lö ke]	*die Uferstraße*

TR. 41

tourner [turne]	*abbiegen, einbiegen*
traverser [trawärse]	*überqueren*
continuer [koNtinüe]	*weitergehen, weitermachen*
arriver [ariwe]	*ankommen*
devoir [döwuar]	*müssen, sollen*
faire demi-tour [fär dömi tur]	*umdrehen*

TR. 42

à gauche [a gosch]	*links*
à droite [a druat]	*rechts*
tout droit [tu drua]	*geradeaus*
sur la gauche [sür la gosch]	*auf der linken Seite*
sur votre droite [sür wotr druat]	*auf Ihrer rechten Seite*
jusque [Jüsk]	*bis*

TR. 43

en face de [aN fas dö]	*gegenüber*
au coin de [o kuäN dö]	*an der Ecke von*
à la fin de [a la fäN dö]	*am Ende von*
au début de [o debü dö]	*am Anfang von*
à coté de [a kote dö]	*neben*

devant [dewaN]	*vor*
derrière [därjär]	*hinter*
près de [prä dö]	*in der Nähe von*
loin de [luäN dö]	*entfernt von, weit weg von*
sur [sür]	*auf*
après [aprä]	*nach*

TR. 44
🎧

le carrefour [lö karfur]	*die Kreuzung*
le feu [lö fö]	*das Feuer,* hier: *die Ampel*
le panneau [lö pano]	*das Schild*
le supermarché [lö süpärmarsche]	*der Supermarkt*
le restaurant [lö rästoraN]	*das Restaurant*
la pharmacie [la farmasi]	*die Apotheke*
la station de métro [la stasjoN dö metro]	*die U-Bahnstation*
l'arrêt de bus (m.) [larä dö büs]	*die Bushaltestelle*
la gare [la gar]	*der Bahnhof*
la poste [la post]	*die Post*
la banque [la baNk]	*die Bank*

TR. 45
🎧

la direction [la diräksjoN]	*die Richtung*
le mètre [lö mätr]	*der Meter*
connaître [konätr]	*kennen*
répéter [repete]	*wiederholen*
comprendre [koNpraNdr]	*verstehen*
pouvoir [puwuar]	*können*
ne ... pas [nö...pa]	*nicht*
ce, cet, cette, ces [sö, sät, sät, sö]	*dieser, dieses, diese*
autre [otr]	*andere(r, s)*
tout [tu]	*alles*
maintenant [mäNtönaN]	*jetzt*

Bevor Sie mit der nächsten Lektion weitermachen, hören Sie sich zum Schluss den gesamten Dialog am besten mehrmals an.

TR. 46

- Excusez-moi madame. Je cherche le musée du cinéma.
- Alors, nous sommes dans la rue de la République. Continuez cette rue jusqu'au carrefour. Là, vous tournez à gauche dans la rue Thomassin. Allez tout droit jusqu'à la place des Terreaux. Traversez la place et vous arrivez en face du musée.
- Je n'ai pas compris. Au carrefour, je tourne à droite ou à gauche ?
- Vous devez prendre la rue à gauche.
- D'accord. Merci beaucoup.
- De rien.
- Au revoir madame.
- Au revoir.

Zum Schluss der Lektion ein paar Möglichkeiten, um mit wenigen Bausteinen nach dem Weg zu fragen.

Pardon,		une pharmacie.
Excusez-moi,	je cherche	l'Arc de Triomphe.
		l'office de tourisme.

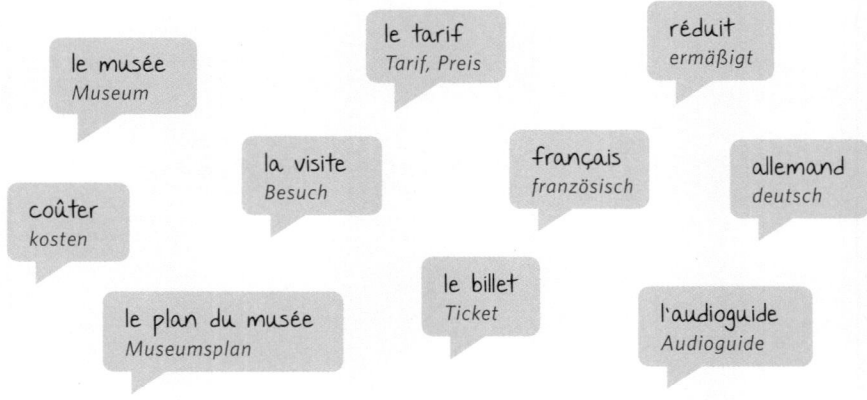

Musée
Miniature
& Cinéma

350 PIÈCES
AUTHENTIQUES
DE CINÉMA

7 AU MUSÉE
IM MUSEUM

TICKET

Sie haben dank der Wegbeschreibung das Kinomuseum gefunden und stehen nun an der Museumskasse an. Um gleich die Eintrittskarten reibungslos kaufen zu können, werden Ihnen folgende Wörter, die Sie bereits gelernt haben oder selbstständig erschließen können, helfen.

le musée
Museum

le tarif
Tarif, Preis

réduit
ermäßigt

la visite
Besuch

français
französisch

allemand
deutsch

coûter
kosten

le plan du musée
Museumsplan

le billet
Ticket

l'audioguide
Audioguide

Nun sind Sie an der Museumskasse an der Reihe. Sie möchten drei Eintrittskarten kaufen und hätten gerne noch einen Museumsplan. Außerdem haben Sie noch eine Frage zu den Öffnungszeiten des Museums. Wie Sie das alles auf Französisch sagen können, lernen Sie jetzt.

[boNJur, Jö wudrä trua bijä daNtre, sil wu plä. dö bijä pur adült e äN bijä pur aNfaN.]
Guten Tag, ich möchte drei Eintrittskarten, bitte. Zwei Tickets für Erwachsene und ein Ticket für ein Kind.

Den Anfang des Satzes kennen Sie inzwischen schon gut: **Bonjour, je voudrais...** Neu ist das Wort für Eintrittskarte: **un billet d'entrée** [äN bijä daNtre]. Prinzipiell würde auch schon das Wort **billet** [bijä] ausreichen, denn es bedeutet unter anderem *Ticket* bzw. *Eintrittskarte*.

Das Wort **entrée** [aNtre] steht für *Eingang* und *Eintritt*, kann aber auch für sich allein als *Eintrittskarte* übersetzt werden. Man könnte theoretisch also auch sagen: **Je voudrais trois billets.** oder **Je voudrais trois entrées.** Manchmal sieht man bei Geschäften in Frankreich das Schild **entrée libre** [aNtre libr] im Schaufenster, was so viel wie *freier Eintritt* heißt.

Achten Sie auch auf die Angabe **entrée gratuite** [aNtre gratüit] *kostenloser Eintritt*. Es gibt beispielsweise zahlreiche Museen, bei denen jeden ersten Sonntag im Monat der Eintritt frei ist, z.B. das **Centre Pompidou** oder das **musée d'Orsay** in Paris. Einige sind sogar das ganze Jahr über kostenlos, aber nur für Jugendliche *unter 26 Jahren* **moins de 26 ans** [muaN dö wiNt-siz_aN], wie der berühmte **Louvre**.

Das Wort **billet** werden Sie auch häufig im Transportwesen hören, da es auch *Fahrschein / - karte* bedeutet, wie zum Beispiel in den Kombinationen mit **un billet de train** [äN bijä dö träN] *Zugticket*, **un billet de métro** [äN bijä dö metro] *U-Bahn-Ticket* oder **un billet d'avion** [äN bijä dawjoN] *Flugticket*.

Im Französischen hat sich der Anglizismus **le ticket** [lö tikä] inzwischen auch einge-
bürgert, so dass Sie statt **billet** auch **ticket** verwenden können: **un ticket de métro, un
ticket d'avion** etc.

Im zweiten Teil präzisieren Sie, dass Sie zwei Tickets *für Erwachsene* **pour adultes** [pur
adült] und eines *für ein Kind* **pour enfant** [pur aNfaN] möchten.

Jetzt sind Sie dran.

Verbinden Sie folgende Übersetzungen für die unterschiedlichen Ticketarten.

1. un ticket de métro   ____ **A** Flugticket

2. un billet de bus   ____ **B** Eintrittskarte

3. un ticket d'avion   ____ **c** U-Bahn-Fahrkarte

4. un billet d'entrée   ____ **D** Bus-Fahrschein

Lösung
1. C; **2.** D; **3.** A; **4.** B

Alors,   deux tickets   plein tarif   et un ticket

tarif réduit.   Ça fait   14 euros.

[alor, dö tikä pläN tarif e äN tikä tarif redüi. sa fä katorz öro.]
Also zwei Tickets zum vollen Preis und ein Ticket zum ermäßigten Preis. Das macht 14 Euro.

Der Mitarbeiter an der Museumskasse wiederholt Ihren Wunsch, indem er auf die
verschiedenen Eintrittspreise verweist. Im Französischen werden dafür die Kategorien
plein tarif [pläN tarif] und **tarif réduit** [tarif redüi] verwendet. Die Wörter **le tarif** [lö
tarif] und **réduit** [redüi] können Sie leicht durch die deutschen Fremdwörter *der Tarif*
und *reduziert* verstehen.

Das Adjektiv **plein** [pläN] bedeutet *voll*, wortwörtlich bedeutet **plein tarif** also „voller
Tarif". Man muss folglich den vollen Eintrittspreis bezahlen.

Dann nennt der Mitarbeiter den von Ihnen zu bezahlenden Eintrittspreis für drei
Personen mit der üblichen Wendung **Ça fait...** *Das macht ...*

Jetzt sind Sie dran.

Machen wir eine kurze Ausspracheübung. Das erste Wort im Beispielsatz **plein** enthält einen Nasal, für den wir in der Umschrift den Laut [äN] gewählt haben. Diesen Laut gibt es im Deutschen nicht, daher müssen Sie ihm etwas mehr Übung widmen. Er tritt bei den Buchstabenkombinationen **un**, **in**, **im**, **ain** auf. Merken Sie sich als Beispiel für den Laut [äN] den unbestimmten Artikel **un**. Sprechen Sie folgende Wörter mehrmals laut vor sich hin.

1. un [äN]   **2.** plein [pläN]   **3.** intéressant [äNteräsaN]
4. bien [bjäN]   **5.** fin [fäN]

Est-ce qu'il y a	des visites guidées	en allemand ?

[äs kil ja de wizit gide aNn_almaN?]
Gibt es Führungen auf Deutsch?

Sie möchten nun gerne wissen, ob das Museum auch **visites guidées** [wizit gide] anbietet. Das Wort **visite** [wizit] könnten Sie durch **visiter** *besuchen* verstehen, das Sie in der fünften Lektion gelernt haben. **Guidées** lautet in der Grundform **guidé** [gide]. Da **visites** ein weibliches Substantiv im Plural ist, werden ein **e** und ein **s** angehängt. Das Verb **guider** [gide] bedeutet *führen* und eine **visite guidée** ist also ein *geführter Besuch* bzw. eine *Führung*.
Sie sind an einer Führung auf Deutsch interessiert. Daher fragen Sie nach Führungen **en allemand** [aNn_almaN]. Die Präposition **en** wird mit Sprachen kombiniert, um zu sagen, das etwas auf / in dieser Sprache ist. Ein anderes Beispiel wäre **en français** [aN fraNsä] *auf / in Französisch*.

Andere wichtige Sprachen finden Sie in folgender Tabelle:

anglais [aNglä]   *Englisch*
italien [italjäN]   *Italienisch*
espagnol [äspanjol]   *Spanisch*
chinois [schinua]   *Chinesisch*

Jetzt sind Sie dran.

Ergänzen Sie folgenden Dialog an der Museumkasse mit den passenden Wörtern.

tickets sûr plein fait billets guidées

- Bonjour, je voudrais quatre **1.**   d'entrées, s'il vous plaît.
- **2.**   tarif ou tarif réduit ?
- Deux **3.**   plein tarifs et deux tickets tarif réduit.
- D'accord. Ça **4.**   20 euros.
- Est-ce qu'il y a des visites **5.**   en allemand ?
- Oui, bien **6.**   !

Lösung
1. billets; **2.** Plein;
3. tickets; **4.** fait;
5. guidées; **6.** sûr

[noN, sölmaN aN fransä u aNn_aNglä. mä nuz_awoN äNn_odjogid aNn_almaN. il kut döz_öro.]
Nein, nur auf Französisch oder auf Englisch. Aber wir haben einen Audioguide auf Deutsch.
Er kostet zwei Euro.

Der Mitarbeiter erklärt Ihnen, dass es die Führungen nur auf Französisch oder auf Englisch gibt. Ein neues Wort ist hier das Adverb **seulement** [sölmaN], das *nur* bedeutet und von dem Adjektiv **seul** [söl] *allein* abgeleitet wird. Es gibt allerdings Audioguides auf Deutsch. Das Wort **audioguide** [odjogid] wurde aus dem Englischen übernommen, aber in der Aussprache an das Französische angepasst.

Die Konjunktion **mais** [mä] für *aber* werden Sie in Frankreich oft hören können.

Um selbst zu fragen, in welcher Sprache die Audioguides oder die Führungen sind, sagen Sie: **C'est en quelle langue?** [sät_aN käl laNg?] *In welcher Sprache ist das?* Hierbei verwenden Sie den Fragebegleiter **quel** [käl] *welche(-r,-s)*, den wir in der Lektion 4 bei den Fragen **À quel nom?** und **À quelle heure?** bereits gesehen hatten. Hier wird die weibliche Singularform **quelle** benötigt, da das Bezugswort **la langue** weiblich ist und im Singular steht. Dem deutschen Wort *Sprache* entspricht im Französischen das Wort **la langue** [la laNg], das auch *Zunge* bedeutet.

Und jetzt sind Sie dran.

Setzen Sie die durcheinandergeratenen Buchstaben in die richtige Reihenfolge, um die richtige Sprache zu finden.

1. glanisa _a_ __ __ __ __ __ _s_
2. çfrsiana _f_ __ __ __ __ __ __ _s_
3. pleosang _e_ __ __ __ __ __ __ _l_
4. dlmlanea _a_ __ __ __ __ __ __ _d_

Lösung
1. anglais; **2.** français;
3. espagnol; **4.** allemand

| Alors, | deux audioguides, | s'il vous plaît. |

[alor döz_odjogid, sil wu plä.]
Also dann zwei Audioguides, bitte.

Sie nehmen also zwei Audioguides. Sie hätten auch die Wendungen **je voudrais** oder **je prends** hinzufügen können: **Alors, je voudrais / je prends deux audioguides, s'il vous plaît.** [alor, Jö wudrä / Jö praN döz_odjogid, sil wu plä.] *Also dann möchte ich / nehme ich zwei Audioguides, bitte.*

Eine kleine Erinnerung: Im Französischen gibt es die Liaison, die bereits in Lektion 3 angesprochen wurde. Vor einem Wort, das mit Konsonant anfängt, spricht man **deux** als [dö] aus: **deux tickets** [dö tikä]. Folgt jedoch auf **deux** ein Wort, das mit Vokal oder stummen **h** anfängt, wird das **x** als stimmhaftes **s** hörbar und mit dem folgenden Wort verbunden: **deux audioguides** [döz_odjogid].

Und jetzt sind Sie dran.

Stellen Sie sich bei den Beispielen folgende Frage: Ist der finale Konsonant bei **deux** hörbar oder nicht? Kreuzen Sie den Ausdruck an, wenn man ein **z** bei **deux** hört.

- ☐ **1.** deux billets d'entrées
- ☐ **2.** deux oranges
- ☐ **3.** deux euros
- ☐ **4.** deux plans de villes
- ☐ **5.** deux enfants

Lösung
1. nicht hörbar [dö bijä daNtre]
2. hörbar [döz_oraNj]
3. hörbar [döz_öro]
4. nicht hörbar [dö plaN dö wil]
5. hörbar [döz_aNfaN]

Voilà	vos billets d'entrée,	les audioguides

et un plan du musée.	Ça fait	18 €.

[wuala wo bijä daNtre, woz_odjogid e äN plaN dü müze. sa fä diz-üit_öro.]
Hier Ihre Eintrittskarten, die Audioguides und ein Museumplan. Das macht 18 €.

Der Museumsmitarbeiter überreicht Ihnen nun Ihre Eintrittskarten, die Audioguides und einen *Museumsplan*, den man analog zum **plan de la ville** [plaN dö la wil] *Stadtplan* als **plan du musée** [plaN dü müze] bezeichnet. Der Mitarbeiter verwendet dabei unter anderem den Possessivbegleiter **vos** [wo] (*eure / Ihre*) im Plural. Die Singlarform **votre** haben Sie bereits beim Dialog an der Hotelrezeption kennen gelernt: **votre passeport** *Ihren Pass*.

Wenn Ihnen der Mitarbeiter von sich aus keinen Museumsplan gibt, können Sie folgendermaßen danach fragen: **Vous avez un plan du musée?** [wuz_awe äN plaN dü müze?] *Haben Sie einen Museumsplan?*

Und jetzt sind Sie dran.

Sie stehen an der Museumkasse und haben folgende Wünsche. Formulieren Sie diese Wünsche und denken Sie dabei an die Höflichkeitsfloskeln.

1. einen Museumsplan

2. ein Audioguide auf Deutsch

3. ein Ticket für Erwachsene und ein Ticket für ein Kind

4. eine Museumsführung auf Französisch

Lösung
1. Je voudrais un plan du musée, s'il vous plaît.
2. Je voudrais un audioguide en allemand, s'il vous plaît.
3. Je voudrais un billet pour adultes et un billet pour enfant, s'il vous plaît.
4. Je voudrais une visite guidée en français, s'il vous plaît.

Tenez 18 €.   – Merci beaucoup   et bonne visite.

[töne diz-üit_öro. – märsi boku e bon wizit.]
Hier 18€. – Vielen Dank und einen guten Besuch.

In diesem Abschnitt des Gesprächs können Sie von den Wörtern her bereits alles verstehen. Neu ist die Kombination von **bonne** und **visite**. Ähnlich wie bei **bonne journée** *einen schönen Tag* und **bon séjour** *einen schönen Aufenthalt* kann man mit dieser Kombination einen Wunsch formulieren, in diesem Fall einen angenehmen Museumsbesuch wünschen.
Zur Erinnerung: **tenez** kann in dieser Situation als Synonym für **voici** und **voilà** verwendet werden.

Und jetzt sind Sie dran.

Suchen Sie zu jedem Satzanfang das passende Satzende.

1. Bonjour madame, je ...

2. Plein tarif...

3. Deux fois...

4. Est-ce qu'il y a des visites...

5. Non, seulement...

6. Nous avons...

7. Alors, un ...

8. Tenez...

____ **A** ...guidées en allemand ?

____ **B** ...des audioguides en allemand.

____ **C** ...en français et en anglais.

____ **D** ...audioguide, s'il vous plaît.

____ **E** ...l'audioguide et vos billets.

____ **F** ...le plein tarif.

____ **G** ...ou tarif réduit ?

____ **H** ...voudrais deux billets d'entrée.

Lösung
1. H; **2.** G; **3.** F; **4.** A;
5. C; **6.** B; **7.** D; **8.** E

Bevor Sie Ihren Museumsbesuch beginnen, haben Sie noch eine Frage. Es ist schon später Nachmittag und Sie erkundigen sich nach den Öffnungszeiten des Museums.

Encore

une dernière question.

Le musée ferme

à quelle heure ?

[aNkor ün därnjär kästjoN. lö müze färm a käl ör?]
Noch eine letzte Frage. Um wie viel Uhr schließt das Museum?

Das Wort *noch* wird im Französischen mit **encore** [aNkor] übersetzt. Das Adjektiv *letzte (-r, -s)* lautet in der männlichen Form **dernier** [därnje] und in der weiblichen Form **dernière** [därnjär]. Es wird wie die kurzen Adjektive **bon**, **vieux** etc. dem Substantiv vorangestellt. Da das nachfolgende Substantiv **question** [kästjoN] weiblich ist, wird also **dernière** verwendet.

Um zu fragen, wann das Museum schließt, kombinieren Sie das Verb **fermer** [färme] für *schließen* und die Wendung **à quelle heure** [a käl ör] *um welche Uhrzeit*. Die Frage, wann das Museum öffnet, wäre: **Le musée ouvre à quelle heure?** [lö müze uwr a käl ör?]. Das Gegenteil von **fermer** ist also **ouvrir** [uwrir].

Manchmal finden Sie an Museumstüren oder Geschäften den Aushang **fermé** [färme] für *geschlossen* oder **ouvert** [uwär] für *offen*. Am Museumseingang finden Sie dann auch die **heures d'ouverture** [ör duwärtür] die *Öffnungszeiten*.

Sie könnten auch die Information **Le musée est ouvert de 10 à 18 heures.** [lö muze ät_uwär dö diz a diz-üit_ör] finden. Das bedeutet, dass das Museum von 10 bis 18 Uhr geöffnet ist. *Von ... bis* wird also angegeben mit **de ... à**.

Und jetzt sind Sie dran.

Lesen Sie folgenden Informationsaushang im Museum und beantworten Sie anschließend die Fragen.

> Le musée de Beaux-Arts est ouvert de 9h30 à 18h30 heures.
> Plein tarif : 12 €
> Tarif réduit : 8 €
> Visites guidées : en français, en anglais
> Audioguides : en français, en anglais, en allemand, en espagnol, en italien ;
>   prix : 3 €
> Plan du musée gratuit.

1. Le musée ferme à quelle heure ?

2. Le tarif réduit côute combien ?

3. Les visites guidées sont en quelles langues ?

4. Combien côute le plan du musée ?

Lösung
1. Le musée ferme à 18h30.
2. Le tarif réduit coûte 8 €.
3. En français et en anglais.
4. Le plan est gratuit.

Sie bekommen nun die Auskunft über die Öffnungszeiten:

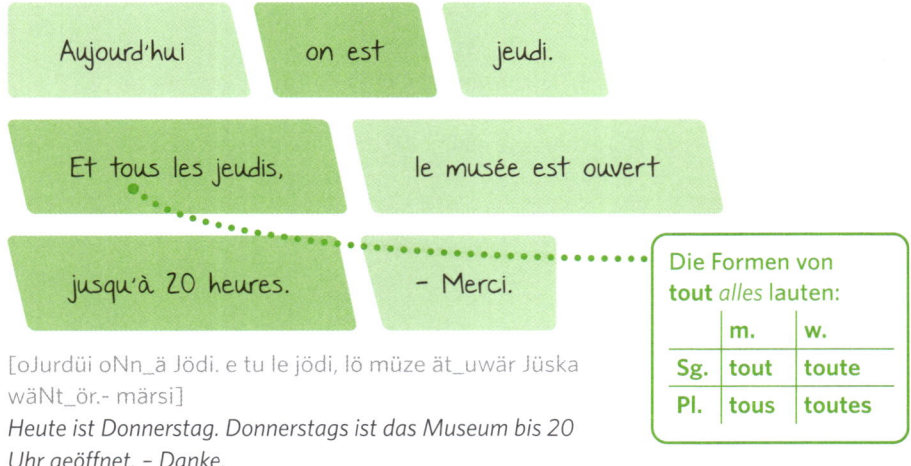

Aujourd'hui   on est   jeudi.

Et tous les jeudis,   le musée est ouvert

jusqu'à 20 heures.   – Merci.

[oJurdüi oNn_ä Jödi. e tu le jödi, lö müze ät_uwär Jüska
wäNt_ör.- märsi]
*Heute ist Donnerstag. Donnerstags ist das Museum bis 20
Uhr geöffnet. – Danke.*

Die Formen von
tout *alles* lauten:

	m.	w.
Sg.	tout	toute
Pl.	tous	toutes

Jetzt sind wir fast am Ende des Dialogs angekommen, doch der letzte Abschnitt hat
es noch einmal in sich. Er beginnt mit einem Wort, das von der Schreibung und der
Aussprache her etwas komplizierter aussieht **aujourd'hui** [oJurdüi] *heute*. Merken Sie
sich das Wort zusammen mit **hier** [jär] *gestern* und **demain** [dömäN] *morgen*. Für die
Wendung *Heute ist Donnerstag* gebraucht man im Französischen die Verbindung von **on**
und **est**: **Aujourd'hui, on est jeudi.** wörtlich: *Heute sind wir Donnerstag.*

Jetzt lernen Sie die Wochentage auf Französisch kennen:

lundi [läNdi]	*Montag*
mardi [mardi]	*Dienstag*
mercredi [märkrödi]	*Mittwoch*
jeudi [Jödi]	*Donnerstag*
vendredi [waNdrödi]	*Freitag*
samedi [samdi]	*Samstag*
dimanche [dimaNsch]	*Sonntag*

Steht vor dem Wochentag der bestimmte Artikel **le**, also zum Beispiel, **le jeudi**, be-
deutet das *jeden Donnerstag* bzw. *donnerstags*. Die Verbindung **tous les jeudis**, wörtlich
übersetzt *alle Donnerstage*, kann als Synonym dazu gebraucht werden. Das Wort **tous**

ist eine Form von **tout** [tu] *alles*. Da **jeudis** männlich ist und im Plural steht, wird das Adjektiv dementsprechend angeglichen. Der Ausdruck **tous les jours** [tu le Jur] bedeutet wörtlich „alle Tage", wird aber mit *jeden Tag* übersetzt.

Und jetzt sind Sie dran.

Bringen Sie folgenden Dialog an der Museumskasse in die richtige Reihenfolge.

1. D'accord. Il y a aussi des visites guidées et des audioguides.
2. Merci. Vous avez un plan du musée ?
3. Non, mais il y a des audioguides en allemand.
4. Voici le plan. Bonne visite.
5. Bonjour, je voudrais quatre billets d'entrée.
6. Tenez 48€. Une dernière question : Le musée ferme à quelle heure ?
7. Quatre audioguides en allemand alors, s'il vous plaît.
8. Aujourd'hui, on est lundi. Le lundi, le musée ferme à 19 heures.
9. La visite guidée est en allemand ?
10. Voilà vos billets et vos audioguides. Ça fait 48€.

Richtige Reihenfolge:

Lösung
5, 1, 9, 3, 7, 10, 6, 8, 2, 4

Jetzt Sind Sie dran.

Hier finden Sie nun alle Vokabeln dieser Lektion. Je öfter man die Wörter selbst nutzt, liest oder hört, desto besser prägen Sie sich ein. Führen Sie zum Beispiel ein Selbstgespräch oder denken Sie sich einen Dialog aus. Verwenden Sie dabei die neuen Vokabeln und Sie werden merken, dass Sie sich schon bald gut an die neu gelernten Wörter erinnern können.

TR. 47

le billet [lö bijä]	*die Eintrittskarte, der Fahrschein*
l'entrée (w.) [laNtre]	*der Eingang, der Eintritt, die Eintrittskarte*
entrée libre [aNtre libr]	*Eintritt frei*
le billet d'entrée [lö bijä daNtre]	*die Eintrittskarte*
le billet de métro [lö bijä dö metro]	*das U-Bahn-Ticket*
le billet de train [lö bijä dö träN]	*das Zugticket*

7   AU MUSÉE

le billet d'avion [lö bijä dawjoN]	*das Flugticket*
le ticket [lö tikä]	*das Ticket*

TR. 48

le tarif [lö tarif]	*der Tarif, der Preis*
plein [pläN]	*voll*
réduit [redüi]	*reduziert, ermäßigt*
gratuit [gratüi]	*gratis*
l'adulte (m.) [ladült]	*der Erwachsene*
l'enfant (m.) [laNfaN]	*das Kind*
moins de [muaN dö]	*weniger als*

TR. 49

fermer [färme]	*schließen*
fermé [färme]	*geschlossen*
ouvrir [uwrir]	*öffnen*
ouvert [uwär]	*offen*
les heures d'ouverture (w.) [lez_ör duwärtür]	*die Öffnungszeiten*
la visite [la wizit]	*der Besuch*
guider [gide]	*führen*
la visite guidée [la wizit gide]	*die Führung*
Bonne visite ! [bon wizit]	*Angenehmen Besuch!*
l'audioguide (m.) [lodjogid]	*der Audioguide*
le plan du musée [lö plaN dü müze]	*der Museumsplan*

TR. 50

la langue [la laNg]	*die Sprache, die Zunge*
français [fraNsä]	*Französisch*
allemand [almaN]	*Deutsch*
anglais [aNglä]	*Englisch*
italien [italjäN]	*Italienisch*
espagnol [äspanjol]	*Spanisch*
chinois [schinua]	*Chinesisch*

TR. 51

la question [la kästjoN]	*die Frage*
dernier, dernière [därnje, därnjär]	*letzte, r, s*
encore [aNkor]	*noch*
mais [mä]	*aber*
seulement [sölmaN]	*nur*
aujourd'hui [oJurdüi]	*heute*
demain [dömäN]	*morgen*
hier [jär]	*gestern*
le jour [lö Jur]	*der Tag*
tout, toute, tous, toutes [tu, tut, tus, tut]	*alles, alle*
tous les jours [tu le Jur]	*jeden Tag*

TR. 52

lundi [läNdi]	*Montag*
mardi [mardi]	*Dienstag*
mercredi [märkrödi]	*Mittwoch*
jeudi [Jödi]	*Donnerstag*
vendredi [waNdrödi]	*Freitag*
samedi [samdi]	*Samstag*
dimanche [dimaNsch]	*Sonntag*

Hören Sie sich nun den ganzen Dialog an der Museumskasse an.

TR. 53

- Bonjour, je voudrais trois billets d'entrée, s'il vous plaît. Deux billets pour adultes et un billet pour enfant.
- Alors, deux tickets plein tarif et un ticket tarif réduit, ça fait 14 euros.
- Est-ce qu'il y a des visites guidées en allemand ?
- Non, seulement en français ou en anglais. Mais nous avons un audioguide en allemand. Il coûte 2 €.
- Alors deux audioguides s'il vous plaît.
- Voilà vos billets d'entrée, les audioguides et le plan du musée. Ça fait 18 €.
- Tenez 18 €.
- Merci beaucoup et bonne visite.
- Encore une dernière question. Le musée ferme à quelle heure ?
- Aujourd'hui on est jeudi. Et tous les jeudis le musée est ouvert jusqu'à 20 heures.
- Merci.

Am Ende der Lektion finden Sie wie gewohnt Satzbausteine, mit deren Hilfe Sie Sätze bilden können, die Ihnen an der Museumskasse weiterhelfen.

À quelle heure — ferme / ouvre — le musée — le dimanche ? / demain ? / aujourd'hui ?

Nach all den Besichtigungen ist es Zeit für eine kleine Stärkung. Um genau das Richtige zu bestellen und die französische Küche genießen zu können, werden Ihnen bestimmt folgende Wörter, die Sie schon kennen, helfen.

le restaurant
Restaurant

la carte
Speisekarte

le menu
Menü

la réservation
Reservierung

la salade
Salat

les frites
Pommes

la crêpe
Crêpe

le steak
Steak

le bistrot
Bistro

Wenn Ihr Magen knurrt, haben Sie in Frankreich die Wahl zwischen einem **café** [kafe], einem **bistrot** [bistro], einer **brasserie** [brasri] und einem **restaurant** [rästoraN]. In einem **café** bekommt man neben heißen und kalten Getränken meist nur *Gebäck* **pâtisserie** [patisri], Kuchen und kleine Gerichte wie Salate und Sandwiches. Ein **bistrot** [bistro] ist ein kleines Lokal, wo man einfache Speisen der französischen Küche bekommt. Die **brasserie** [brasri] ist ursprünglich ein Brauhaus. Heutzutage bezeichnet man damit einfachere Restaurants mit meist deftiger französischer Hausmannskost. **Restaurants** gibt es, wie hier auch, in unterschiedlichen Preisklassen und Ausrichtungen.
Sie haben sich in unserem Fall für ein **bistrot** entschieden und werden in dieser Lektion lernen, eine Bestellung aufzugeben.

Bonsoir,   une table   pour deux personnes,   s'il vous plaît.

[boNsuar, ün tabl pur dö pärson, sil wu plä.]
Guten Abend, einen Tisch für zwei Personen, bitte.

Da es schon Abend ist, beginnen Sie das Gespräch mit **bonsoir**. Sie möchten für sich und Ihre Begleitung einen Tisch für zwei Personen. Das französische Wort für *Tisch* **la table** [la tabl] können Sie eventuell durch das englische Wort *table* erschließen und sich so merken. Um die Personenzahl anzugeben, können Sie die Wendung **pour... personnes** [pur...pärson] mit der jeweiligen Zahl verwenden z.B. **une table pour une personne** *ein Tisch für eine Person.*

In einem Restaurant könnte der Kellner oder die Kellnerin nachfragen: **Vous avez une réservation?** [wuz_awe ün resärwasjoN?] *Haben Sie eine Reservierung?* oder **Vous avez réservé?** [wuz_awe resärwe?] *Haben Sie reserviert?* Dies können Sie verneinen **Non, nous n'avons pas réservé.** [noN, nu nawoN pa resärwe] oder Sie antworten: **Oui, au nom de...** [üi, o noN dö] *Ja, auf den Namen ...,* wie Sie es in der Lektion 4 an der Hotelrezeption gelernt haben.

Es könnte natürlich auch vorkommen, dass kein Tisch frei ist: **Désolé, il n'y a pas de table libre.** [dezole, il nja pa dö tabl libr.] *Es tut mir leid, es gibt keinen freien Tisch.* Merken Sie sich das kleine Wörtchen **désolé**, es heißt als Adjektiv *untröstlich* und wird sehr häufig als Entschuldigung verwendet, oft in einer verkürzten Form nur mit dem Adjektiv: **(Je suis) désolé(e).** *Es tut mir leid.* Auch wenn Sie jemanden nach dem Weg fragen, können Sie beispielsweise hören: **Désolé, je ne suis pas d'ici.** [dezole, Jö nö süi pa disi?] *Tut mir leid, ich bin nicht von hier.* Oder: **Je suis désolé, je ne sais pas.** [Jö süi

dezole, Jö nö sä pa.] *Es tut mir leid, ich weiß es nicht.* Oder im Restaurant, wo es heißt:
Désolé, il n'y a pas de table libre. Darauf können Sie dann antworten: **D'accord, pas de
problème.** [dakor, pa dö probläm] *In Ordnung, kein Problem.*

Aber heute ist Ihr Glückstag, es gibt noch einen Tisch für Sie:

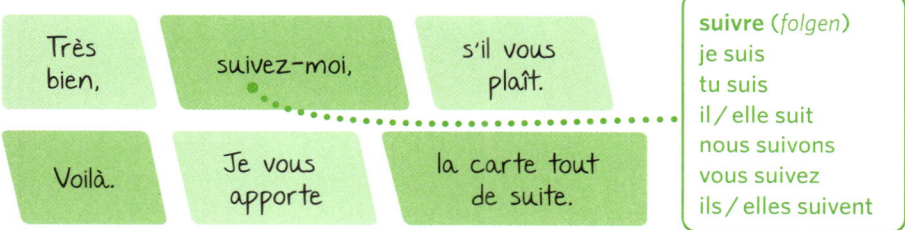

suivre (*folgen*)
je suis
tu suis
il / elle suit
nous suivons
vous suivez
ils / elles suivent

[trä bjäN, süiwe-mua, sil wu plä. wuala. Jö wuz_aport la kart tut süit.]
Sehr gut, folgen Sie mir, bitte. Hier bitte. Ich bringe Ihnen sofort die Speisekarte.

Die Kellnerin **la serveuse** [särwöz] bittet Sie dann, ihr zu folgen. Dafür verwendet sie
die Befehlsform des unregelmäßigen Verbs **suivre** [süiwr] *folgen*, dessen Formen Sie
in der Grammatikbox finden. Ein weiteres neues Verb in diesem Abschnitt ist das Verb
apporter [aporte] *(mit)bringen.* Das Wort **la carte** [la kart] werden Sie intuitiv verste-
hen. Für Speisekarte können Sie auch **le menu** [lö mönü] hören. Um zu sagen, dass
etwas sofort passieren wird, sagt man **tout de suite** [tut süit].

Jetzt sind Sie dran.

Finden Sie die Wortpaare mit einer ähnlichen Bedeutung.

1. tous les jeudis   ____ **A** ça coûte

2. voilà   ____ **B** un ticket

3. ça fait   ____ **C** le jeudi

4. le menu   ____ **D** excusez-moi

5. un billet   ____ **E** voici

6. pardon   ____ **F** la carte

Lösung
1. C; **2.** E; **3.** A; **4.** F; **5.** B; **6.** D

Nachdem Sie Gelegenheit hatten, die Karte zu lesen, kommt die Kellnerin zurück:

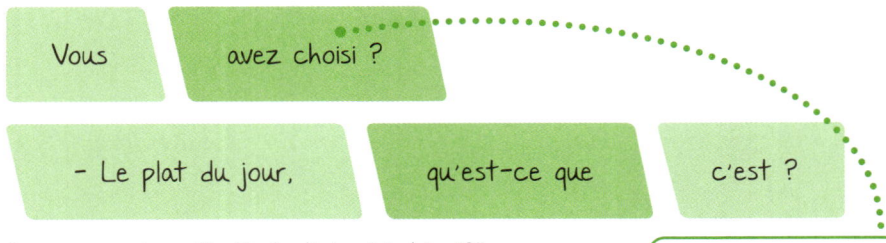

[wuz_awe schuazi? – lö pla dü Jur, käs kö sä?]
Haben Sie gewählt? - Was ist das Tagesgericht?

Bei der Frage nach Ihrer Wahl sehen Sie das Verb **choisir** [schuazir] (*wählen*) im **passé composé**. Diese Vergangenheitsform wird mit dem Hilfsverb **avoir** oder **être** und dem Partizip der Vergangenheit (hier: **choisi**) gebildet.

> **choisir** (*wählen*)
> je choisis
> tu choisis
> il / elle choisit
> nous choisissons
> vous choisissez
> ils / elles choisissent
> Partizip: choisi

Sie wollen daraufhin wissen, was das heutige Tagesgericht ist. Der Ausdruck **le plat du jour** setzt sich zusammen aus: **le plat** [lö pla] für *Gericht* bzw. *Gang* und **le jour** [lö Jur] für *Tag*.

Hier sehen Sie auch die Menüfolge:

l'entree (w.) [laNtre]	*die Vorspeise*
le plat principal [lö pla präNsipal]	*das Hauptgericht*
le dessert [lö desär]	*das Dessert*

Die Frage **Qu'est-ce que c'est?** [käs kö sä?] setzt sich aus **que** [kö] für *was*, vor Vokal zu **qu'** apostrophiert, dem Fragewort **est-ce que**, das keine Bedeutung hat, und **c'est** [sä] *das ist* zusammen und bedeutet somit wortwörtlich *Was ist das?*

Jetzt sind Sie dran.

Ordnen Sie folgenden Fragen mit **qu'est-ce que** die richtige Antwort zu.

1. Qu'est-ce que vous cherchez ?
☐ **A** J'arrive à l'hôtel.
☐ **B** Je visite le musée de cinéma.
☐ **C** Je cherche la poste.

2. Qu'est-ce que c'est ?
☐ **A** C'est un sandwich.
☐ **B** C'est à gauche.
☐ **C** C'est à Paris.

3. Qu'est-ce vous faites ?
☐ **A** J'ai une réservation.
☐ **B** Je vais au restaurant.
☐ **C** Je suis de Berlin.

4. Qu'est-ce que vous prenez ?
☐ **A** Je voudrais aller en France.
☐ **B** Je voudrais faire une visite au musée.
☐ **C** Je voudrais des oranges.

Lösung
1. C; **2.** A; **3.** B; **4.** C;

Die Kellnerin beantwortet Ihre Frage nach dem Tagesgericht:

Aujourd'hui,   le plat du jour,   c'est

un croque-monsieur.

[oJurdüi, lö pla dü Jur, sät_äN krok-mösjö.]
Heute gibt es „croque-monsieur" als Tagesgericht.

Die Bezeichnung **aujourd'hui** für *heute* haben Sie in der vorherigen Lektion kennen gelernt. Das heutige Tagesgericht ist also **croque-monsieur** [krok-mösjö]. Das ist ein französisches Gericht, das typischerweise in Bistros serviert wird. Wie die Kellnerin gleich erklären wird, ist es ein im Ofen überbackenes Sandwich mit Käse, Schinken und klassischerweise auch mit Béchamelsauce.
Es gibt davon auch die Variante **croque-madame** [krok-madam], bei der zusätzlich ein Spiegelei auf das Sandwich kommt.

Auch für einen fortgeschritten Französischlerner ist es nicht immer einfach, eine Speisekarte zu verstehen. Manchmal hilft nur nachfragen **Qu'est-ce que c'est?** Es ist aber auf jeden Fall hilfreich, ein paar Grundbegriffe zu kennen:

la soupe [la sup]	*die Suppe*
la salade [la salad]	*der Salat*
la viande [la wjaNd]	*das Fleisch*
le poisson [lö puasoN]	*der Fisch*
la volaille [la wolaj]	*das Geflügel*
le plat végétarien [lö pla weJetarjäN]	*das vegetarische Gericht*

Sollten Sie eine Lebensmittelallergie haben oder bestimmte Lebensmittel überhaupt nicht mögen, so empfiehlt es sich, diese im Wörterbuch nachzusehen und sich zu merken. Für alles andere heißt es dann mutig sein und ausprobieren!

Eine kleine Auswahl an Gerichten, die Sie oft in französischen Bistros als Vor- oder Hauptspeise bestellen können, finden Sie in folgender Tabelle:

la quiche lorraine [la kisch lorän]	*die Quiche Lorraine*
la soupe à l'oignon [la sup a lonjoN]	*die Zwiebelsuppe*
le foie gras [lö fua gra]	*die Gänseleberpastete*
le poulet rôti [lö pulä roti]	*das Brathähnchen*
le sandwich jambon-beurre [lö saNdwitsch JaNboN-bör]	*das Sandwich mit Schinken und Butter*
la salade verte / au chèvre [la salad wärt / o schävr]	*der grüne Salat / Salat mit Ziegenkäse*
le saumon grillé [lö somoN grije]	*der gegrillte Lachs*
l'assiette de charcuteries (w.) [lasjät dö scharkütri]	*der Wurstteller*
les moules (w.pl.) [le mul]	*die Miesmuscheln*

Jetzt sind Sie dran.

Formulieren Sie folgende Wünsche und Fragen auf Französisch.

1. Sie fragen, was das vegetarische Gericht des Tages ist.

2. Fragen Sie, was ein „croque-madame" ist.

3. Bestellen Sie eine Zwiebelsuppe.

4. Fragen Sie, ob es eine Quiche Lorraine gibt.

Lösung
1. Le plat vegetarien du jour, qu'est-ce que c'est ?/ Quel est le plat végétarien du jour ?
2. Un croque-madame, qu'est-ce que c'est ?
3. Je voudrais / Je prends une soupe à l'oignon, s'il vous plaît.
4. Vous avez une quiche lorraine ?/ Est-ce qu'il y a une quiche lorraine ?

Sie fragen also nach, was ein **croque-monsieur** ist:

[käs kö sä? – sät_äN saNdwitsch scho awäk dü JaNboN e dü fromaJ.]
Was ist das? – Das ist ein warmes Sandwich mit Schinken und Käse.

Die Kellnerin erklärt Ihnen, dass der **croque-monsieur** ein warmes Sandwich ist. **Sandwich** ist aus dem Englischen entlehnt, aber an die französische Aussprache angepasst worden: [saNdwitsch]. Für das Adjektiv *warm, heiß* wird im Französischen das Wort **chaud** [scho] verwendet. Das Gegenteil dazu wäre **froid** [frua] *kalt.* Da **sandwich** männlich ist und im Singular steht, wird das Adjektiv **chaud** nicht verändert.

Das Sandwich ist mit **jambon** [JaNboN] *Schinken* und **fromage** [fromaJ] *Käse* belegt. Im Deutschen braucht man bei *ein Sandwich mit Schinken und Käse* keinen Artikel vor Schinken und Käse. Im Französischen steht jedoch vor **jambon** bzw. **fromage** der sogenannte Teilungsartikel. Nehmen wir als Beispiel das nicht zählbare Substantiv **eau** [o] *Wasser. Ich möchte Wasser.* **Je voudrais de l'eau.** Nach **avec** wird der Teilungsartikel immer verwendet: **avec du jambon et du fromage** *mit Schinken und Käse.*
Bei Mengenangaben steht dagegen nur **de** ohne den Artikel, auch nach **beaucoup**: **Je voudrais beaucoup d'eau.** *Ich möchte viel Wasser.*

Jetzt sind Sie dran.

Was lässt sich kombinieren? Ordnen Sie richtig zu.

1. un sandwich avec   ____ **A** de fromage

2. une salade avec   ____ **B** du chocolat

3. 200 grammes   ____ **C** du jambon

4. un croissant avec   ____ **D** de vin

5. beaucoup   ____ **E** des tomates

Lösung
1. C; **2.** E; **3.** A; **4.** B, **5.** D

Ein **croque-monsieur** klingt doch ganz lecker, oder? Daher bestellen Sie:

Très bien.

Moi, je prends

le plat du jour

alors.

Et pour ma femme,

un steak avec des frites

et de la salade,

s'il vous plaît.

[trä bjäN. Mua, Jö praN lö pla dü Jur alor. e pur ma fam, äN stäk awäk de frit e dö la salad, sil wu plä.]
Sehr gut. Ich werde also das Tagesgericht nehmen. Und für meine Frau ein Steak mit Pommes und Salat, bitte.

Wie Sie bereits gelernt haben, können Sie für Bestellungen **je voudrais** oder **je prends** verwenden. Um zu betonen, dass die erste Bestellung für Sie und nicht Ihre Beglei-tung ist, stellen Sie das betonte Personalpronomen **moi** [mua] voran. Sie nehmen das Tagesgericht und bestellen dann für Ihre Ehefrau. Ehefrau heißt im Französischen **la femme** [la fam] *Frau, Ehefrau*. Der Ehemann wäre **le mari** [lö mari]. Für Lebensgefährte würde man **compagnon** [koNpanjoN] und für Lebensgefährtin **compagne** [koNpanj] sagen. Falls Sie mit Freunden unterwegs sind, können Sie **ami** bzw. **amie** [ami] *Freund bzw. Freundin* verwenden.

Im Beispiel bestellen Sie für Ihre Begleitung ein Steak mit Pommes und Salat. Für *Pommes frites* gebraucht der Franzose den Ausdruck **frites** [frit]. Nach **avec** verwenden Sie, wie oben erklärt, den Teilungsartikel, daher heißt es **avec des frites et de la salade**. Hier noch einige weitere Beilagen:

le riz [lö ri]	*der Reis*
les légumes cuits [le legüm küi]	*gekochtes Gemüse*
les légumes grillés [le legüm grije]	*gegrilltes Gemüse*
les pommes de terre [le pom dö tär]	*Kartoffeln*

Jetzt sind Sie dran.

Bestellen Sie nun folgende Gerichte für die jeweilige Person.

1. Für sich selbst ein gebratenes Hähnchen mit Reis.

2. Für Ihren Ehemann Miesmuscheln mit Pommes frites.

3. Für Ihre Freundin gegrillten Lachs mit gekochtem Gemüse.

Lösung
1. Pour moi, un poulet rôti avec du riz.
2. Pour mon mari, des moules avec des frites.
3. Pour mon amie, un saumon grillé avec des légumes cuits.

Beim Steak muss die Bedienung noch wissen, wie Sie es am liebsten möchten:

Quelle cuisson	pour la viande ?	– Bien cuit,	merci.

[käl küisoN pur la wjaNd? – bjäN küi, märsi.]
Welche Garstufe für das Fleisch? – Gut durchgebraten, danke.

Für die *Garstufe* **la cuisson** [la küisoN] des *Fleisches* **la viande** [la wjaNd] gibt es folgende Möglichkeiten:

bien cuit [bjäN küi]   *gut durchgebraten*
à point [a puäN]   *medium*
saignant [sänjaN]   *englisch*
bleu [blö]   *blutig*

Jetzt sind Sie dran.

Wenn die Vokale **u** und **i** aufeinander folgen, wie bei **cuisson** und **cuit**, entsteht bei der Aussprache ein Halbvokal, den wir mit [üi] umschrieben haben. Üben Sie diesen Laut.

1. cuisson [küisoN]   **2.** je suis [Jö süi]
3. bien cuit [bjäN küi]   **4.** lui [lüi]
5. tout de suite [tut süit]

Jetzt fehlen aber noch die Getränke in Ihrer Bestellung:

Et comme boisson ?	– Deux verres	de vin rouge
et une bouteille	d'eau minérale gazeuse,	s'il vous plaît.

[e kom buasoN? – dö wär dö wäN ruJ e ün butäj do mineral gazös, sil wu plä.]
Und zum Trinken? – Zwei Gläser Rotwein und eine Flasche Sprudelwasser, bitte.

Der Oberbegriff für die Getränke lautet **la boisson** [la buasoN], hier in der Kombination mit **comme** [kom] *wie, als*. Wortwörtlich fragt die Kellnerin also *Und als Getränk?* Aus der gleichen Wortfamilie wie **boisson** entstammt das Verb **boire** [buar] *trinken*. Dazu passt dann das Verb **manger** [maNJe] *essen*. Die Kellner hätte auch fragen können: **Qu'est-ce que vous voulez boire?** [käs kö wu wule buar] *Was möchten Sie trinken?*

Beim Bestellen von Getränken sind zwei Wörter sehr wichtig: **un verre** [äN wär] für *ein Glas* und **une bouteille** [ün butäj] für *eine Flasche*. Da beides Mengenangaben sind, folgt danach die Präposition **de**. Eine praktische französische Eigenheit in Restaurants ist die Wasserkaraffe auf dem Tisch. Diese ist immer kostenlos und wenn Sie sonst kein Getränk bestellen möchten, können Sie einfach nur eine Karaffe mit (Leitungs-) Wasser bestellen: **Juste une carafe d'eau, s'il vous plaît.** [Jüst ün karaf do, sil wu plä] *Nur eine Wasserkaraffe bitte.*

Hier der Überblick über die wichtigsten Getränke:

le vin blanc [lö wäN blaN]   *der Weißwein*

le vin rouge [lö wäN ruJ]   *der Rotwein*

le rosé [lö roze]   *der Roséwein*

la bière [la bjär]   *das Bier*

l'eau minérale (w.) [lo mineral]   *das Mineralwasser*

l'eau minérale plate (w.) [lo mineral plat]   *das stille Mineralwasser*

l'eau minérale gazeuse (w.) [lo mineral gazös]   *der Sprudel*

la carafe d'eau [la karaf do]   *die Wasserkaraffe*

le jus de fruit / d'orange / de pomme [lö Jü dö   *der Fruchtsaft / Orangensaft /*
   früi / doraNJ / dö pom]   *Apfelsaft*

l'Orangina (m.) [loraNJina]   *die Orangina (Orangenlimonade)*

Jetzt sind Sie dran.

Was fällt hier aus der Reihe? Finden Sie jeweils das Element, das nicht in die Reihe passt.

1. le vin blanc   la bière   le jus de fruit
2. l'eau minérale   le riz   le rosé
3. le vin blanc   le saumon grillé   les frites
4. le steak   le foie gras   les légumes

Lösung
1. le jus de fruit; **2.** le riz;
3. le vin blanc; **4.** les légumes

Die Kellnerin hat Ihre Bestellung aufgenommen und bestätigt dies:

D'accord. C'est noté.

[dakor. sä note.]
In Ordnung. Ist notiert.

Noté ist das Partizip des Verbs **noter** [note] *notieren, aufschreiben.*

Jetzt sind Sie dran.

Die Sätze sind durcheinandergeraten. Bringen Sie sie wieder in die richtige Reihenfolge.

1. une s'il vous plaît bonsoir personnes table monsieur deux pour .

2. plat qu'est-ce que le du c'est jour ?

3. prends de une moi quiche avec je salade lorraine verte la .

4. mon légumes un mari steak pour grillés des avec .

5. un boisson bouteille de comme vin d'eau blanc minérale verre et une .

Lösung
1. Bonsoir monsieur, une table pour deux personnes, s'il vous plaît.
2. Le plat du jour, qu'est-ce que c'est ? / Qu'est-ce que c'est, le plat du jour ?
3. Moi, je prends une quiche lorraine avec de la salade verte.
4. Pour mon mari, un steak avec des légumes grillés.
5. Comme boisson, un verre de vin blanc et une bouteille d'eau minérale. /
Comme boisson, une bouteille de vin blanc et un verre d'eau minérale.

Jetzt sind Sie dran.

Hier sehen Sie nun alle Wörter dieser Lektion. Das sind ganz schön viele! Sie müssen aber nicht alle lernen. Entscheiden Sie, welche Wörter für Sie persönlich wichtig sind. Suchen Sie sich zum Beispiel die Gerichte und Getränke aus, die Sie gerne essen und trinken. Behalten Sie diese im Hinterkopf, wenn Sie in Frankreich essen gehen.

le bistrot [lö bistro]	*das Bistro*
le café [lö kafe]	*das Café*
la brasserie [la brasri]	*das Café-Restaurant, die Brauerei*
le restaurant [lö rästoraN]	*das Restaurant*
la table [la tabl]	*der Tisch*
libre [libr]	*frei*
réserver [resärwe]	*reservieren*

TR. 54 🎧

le serveur, la serveuse [lö särwör, la särwöz]	*der Kellner, die Kellnerin*
apporter [aporte]	*bringen*
la carte [la kart]	*die Speisekarte*
le menu [lö mönü]	*das Menü, die Speisekarte*
choisir [schuazir]	*wählen*
le plat [lö pla]	*das Gericht, der Gang*
l'entrée (w.) [laNtre]	*die Vorspeise*
le plat principal [lö pla präNsipal]	*das Hauptgericht*
le dessert [lö däsär]	*der Nachtisch*
la pâtisserie [la patisri]	*das Gebäck*

TR. 55 🎧

le croque-monsieur [lö krok-mösjö]	*das überbackene Käse-Schinken-Sandwich*
le croque-madame [lö krok-madam]	*das überbackene Käse-Schinken-Sandwich mit Spiegelei*
le sandwich [lö saNdwitsch]	*das Sandwich*
le jambon [lö JaNboN]	*der Schinken*

TR. 56 🎧

le fromage [lö fromaJ]	*der Käse*
la quiche lorraine [la kisch lorän]	*die Quiche Lorraine*
la soupe à l'oignon [la sup a lonjoN]	*die Zwiebelsuppe*
le foie gras [lö fua gra]	*die Gänseleberpastete*
le poulet rôti [lö pulä roti]	*das Brathähnchen*
la salade verte / au chèvre [la salad wärt / o schävr]	*der grüne Salat / Salat mit Ziegenkäse*
le saumon grillé [lö somoN grije]	*der gegrillte Lachs*
l'assiette de charcuteries (w.) [lasjät dö scharkütri]	*der Wurstteller*
les moules (w. Pl.) [le mul]	*die Miesmuscheln*

- -

TR. 57 🎧

la soupe [la sup]	*die Suppe*
la viande [la wjaNd]	*das Fleisch*
le poisson [lö puasoN]	*der Fisch*
la volaille [la wolaj]	*das Geflügel*
lö plat végétarien [lö pla weJetarjäN]	*das vegetarische Gericht*
les frites (w. Pl.) [les frit]	*die Pommes frites*
le riz [lö ri]	*der Reis*
des légumes cuits [de legüm küi]	*gekochtes Gemüse*
des légumes grillés [de legüm grije]	*gegrilltes Gemüse*
les pommes de terre (w. Pl.) [le pom dö tär]	*Kartoffeln*

- -

TR. 58 🎧

la cuisson [la küisoN]	*die Garstufe*
bien cuit [bjäN küi]	*durchgebraten*
à point [a puäN]	*medium*
saignant [sänjaN]	*englisch*
bleu [blö]	*blau*, hier: *blutig*
chaud [scho]	*warm*
froid [frua]	*kalt*

- -

TR. 59 🎧

manger [maNJe]	*essen*

boire [buar]	*trinken*
la boisson [la buasoN]	*das Getränk*
comme [kom]	*als*
le verre [lö wär]	*das Glas*
la bouteille [la butäj]	*die Flasche*
la carafe [la karaf]	*die Karaffe*

TR. 60

l'eau (w.) [lo]	*das Wasser*
l'eau minérale plate / gazeuse (w.) [lo mineral plat / gazös]	*das Mineralwasser (still / Sprudel)*
le vin rouge [lö wäN ruJ]	*der Rotwein*
le vin blanc [lö wäN blaN]	*der Weißwein*
le rosé [lö roze]	*der Rosé*
la bière [la bjär]	*das Bier*
le jus de fruit / d'orange / de pomme [lö Jü dö früi / doraNJ / dö pom]	*der Fruchtsaft / Orangensaft / Apfelsaft*
l'Orangina (m.) [loraNJina]	*die Orangina, Orangenlimonade*

TR. 61

Désolé. [dezole]	*Tut mir leid.*
Je ne sais pas. [Jö nö sä pa]	*Ich weiß es nicht.*
Je ne suis pas d'ici. [Jö nö süi pa disi]	*Ich bin nicht von hier.*
tout de suite [tut süit]	*sofort*
Pas de problème! [pa dö probläm]	*Kein Problem!*
suivre [süivr]	*folgen*
noter [note]	*aufschreiben*
avec [awäk]	*mit*
qu'est-ce que (c'est) ? [käs kö (sä)?]	*was (ist das)?*

TR. 62

la femme [la fam]	*die (Ehe-)Frau*
le mari [lö mari]	*der Ehemann*
le compagnon [lö koNpanjoN]	*der Lebensgefährte*
la compagne [la koNpanj]	*die Lebensgefährtin*
l'ami (m.), **l'amie** (w.) [lami, lami]	*der Freund, die Freundin*

8 AU BISTROT

Jetzt verfügen Sie über den nötigen Wortschatz, in einem Bistro oder einem Restaurant essen zu gehen. Hören Sie zum Schluss der Lektion den gesamten Dialog im Bistro an.

TR. 63

- Bonsoir, une table pour deux personnes, s'il vous plaît.
- Très bien, suivez-moi, s'il vous plaît. ... Voilà. Je vous apporte la carte toute de suite. (...) Vous avez choisi ?
- Le plat du jour, qu'est-ce que c'est ?
- Aujourd'hui, le plat du jour c'est un croque-monsieur.
- Qu'est-ce que c'est ?
- C'est un sandwich chaud avec du jambon et du fromage.
- Très bien. Moi, je prends le plat du jour alors. Et pour ma femme, un steak avec des frites et de la salade, s'il vous plaît.
- Quelle cuisson pour la viande ?
- Bien cuit, merci.
- Et comme boisson ?
- Deux verres de vin rouge et une bouteille d'eau minérale gazeuse, s'il vous plaît.
- D'accord. C'est noté.

Mit den folgenden Satzbausteine können Sie im Bistro bestellen.

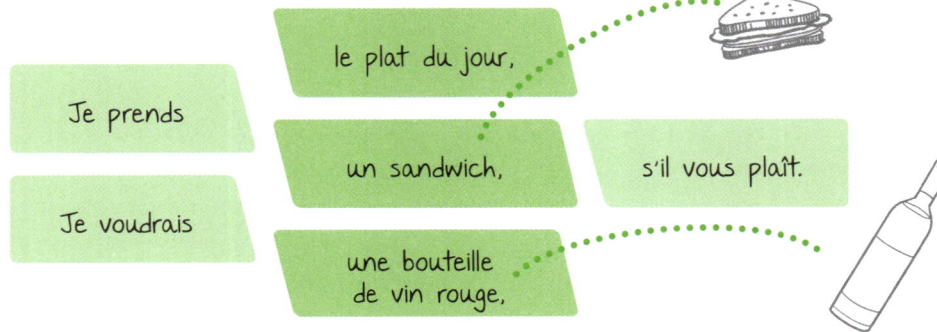

Je prends	le plat du jour,	
Je voudrais	un sandwich,	s'il vous plaît.
	une bouteille de vin rouge,	

L'ADDITION, S'IL VOUS PLAÎT !
DIE RECHNUNG, BITTE!

Sie sind immer noch im Bistro und gönnen sich nun einen leckeren Nachtisch. Danach wollen Sie bezahlen. Für die Bestellung und das Bezahlen können Ihnen folgende Wörter helfen, die Sie schon kennen oder über das Deutsche erschließen können.

le dessert
Dessert

le chocolat
Schokolade

le café
Kaffee

la mousse
Mousse

le citron
Zitrone

prendre
nehmen

Excusez-moi !
Entschuldigung!

la carte bancaire
Bankkarte

aujourd'hui
heute

s'l vous plaît
bitte

In der letzten Lektion haben Sie gelernt, wie Sie in einem französischen Bistro eine Vor- oder Hauptspeise und ein Getränk bestellen können. Bei Ihrem Gericht fehlt jedoch ein wenig Salz. Wie Sie nach mehr Salz fragen und danach einen Nachtisch bestellen, bevor Sie schließlich bezahlen, das lernen Sie jetzt.

Excusez-moi,   madame.   Est-ce qu'on   peut avoir   du sel,   s'il vous plaît ?

[äksküze-mua, madam. äs koN pö awuar dü säl, sil wu plä?]
Entschuldigen Sie. Können wir bitte Salz haben?

Um die Kellnerin auf Sie aufmerksam zu machen, verwenden Sie die Wendung **Excusez-moi, madame** oder auch **Pardon, madame** [pardoN madam].

> **pouvoir** (*können*)
> je peux
> tu peux
> il / elle / on peut
> nous pouvons
> vous pouvez
> ils / elles peuvent

Anschließend bitten Sie die Kellnerin, Ihnen noch Salz zu bringen. Dazu verwenden Sie die Frage mit **est-ce que**. Möglich wäre auch die Intonationsfrage: **On peut / Je peux avoir du sel, s'il vous plaît ?** [oN pö / Jö pö awuar dü säl, sil wu plä?]. **Peut** ist die dritte Person Singular des Verbs **pouvoir** [puwuar] *können*. Mit dem Verb **pouvoir** können Sie Bitten und Wünsche formulieren.

Gehen wir noch kurz auf das Wörtchen **on** [oN] ein. Es ist zum einen die französische Bezeichnung für das deutsche *man*. Zum Beispiel in dem Satz: **En France, on mange beaucoup de croissants.** *In Frankreich isst man viele Croissants.* Zum anderen ersetzt **on** in der Umgangssprache oft das Personalpronomen **nous** [nu] *wir*. Die Frage in unserem Dialog könnte also auch folgendermaßen lauten: **Est-ce que nous pouvons avoir du sel, s'il vous plaît ?** Nach dem Pronomen **on** folgt das Verb in der dritten Person Singular, z.B. **on est, on fait, on a**.

Nun wenden wir uns dem Salz zu: **le sel** [lö säl]. Achten Sie darauf, dass bei einer unbestimmten Menge der Teilungsartikel verwendet wird, den Sie aus Lektion 8 kennen: **Est-ce qu'on peut avoir du sel ?** Daher würde die Bitte nach Wasser so lauten: **Est-ce qu'on peut avoir de l'eau, s'il vous plaît ?** [äs-koN pö awuar dö lo, sil wu plä?]

Hier finden Sie die Dinge, nach denen man häufig in einem Restaurant fragt:

le poivre [lö puawr]	*der Pfeffer*
l'huile (d'olive) (w.) [lüil (doliw)]	*das (Oliven-) Öl*
le vinaigre [lö winägr]	*der Essig*
le beurre [lö bör]	*die Butter*
le pain [lö päN]	*das Brot*

Jetzt sind Sie dran.

Wie kann man folgende Sätze auf Französisch formulieren? Verbinden Sie den französischen Satz mit seiner Übersetzung.

1. Kann ich bitte noch Brot haben?

2. Ich hätte gern Pfeffer.

3. Wir möchten bitte noch Butter.

4. Können wir bitte noch Olivenöl haben?

5. Können wir eine Wasserkaraffe haben?

____ **A** Est-ce que je peux avoir du poivre, s'il vous plaît ?

____ **B** On voudrait du beurre, s'il vous plaît.

____ **C** On peut avoir de l'huile d'olive, s'il vous plaît ?

____ **D** Est-ce qu'on peut avoir une carafe d'eau, s'il vous plaît ?

____ **E** Je peux avoir du pain, s'il vous plaît ?

Lösung
1. E; **2.** A; **3.** B;
4. C; **5.** D

Zurück zu unserem Dialog:

Oui, | bien sûr. | Je vous l'apporte | tout de suite.

[üi, bjäN sür. Jö wu laport tut süit.]
Ja, natürlich. Ich bringe es Ihnen sofort.

In diesen Sätzen kennen Sie schon fast alle Wörter, aber der zweite Satz enthält ein paar Schwierigkeiten, die wir entschlüsseln müssen: Hier treffen nämlich drei Pronomen aufeinander: **je**, **vous** und **l'** (**le** wurde vor dem Vokal **a** des Verbs **apporter** zu **l'**). Das Pronomen **je** ist das Subjekt des Satzes **j'apporte** *ich bringe*. Bei **vous** handelt es sich um ein indirektes Objektpronomen und wird mit *Ihnen* übersetzt. Das **l'** ist ein direktes Objektpronomen, bezieht sich auf **le sel** und ersetzt dieses. Also: **je vous l'apporte** *ich bringe es Ihnen*.

Sie müssen sich jetzt keine Sorgen machen. Die Regeln für die Stellung der Pronomen müssen Sie nicht kennen, um sich in Frankreich verständigen zu können. Die Hauptsache ist, dass Sie den obigen Satz nun verstehen können.

Daher kümmern wir uns in der nächsten Übung ein wenig um die Aussprache.

Jetzt sind Sie dran.

Spricht man folgende Wörter mit einem stimmhaften [J] oder stimmlosen [sch] aus? Ordnen Sie die Wörter der richtigen Kategorie zu. Vergleichen Sie dann mit der Lösung und üben Sie die Aussprache der Wörter mehrmals.

je fromage bonjour supermarché chaud jambon manger

[J]	[sch]

Lösung
[J] : je, fromage, bonjour, jambon, manger
[sch] : supermarché, chaud

Nun sind Sie fertig und die Kellnerin räumt ab:

Ça a été ?   – Oui,   très bien,   merci.

[sa a ete? – üi, trä bjäN, märsi.]
Hat es Ihnen geschmeckt? – Ja, sehr gut, danke.

Die Kellnerin fragt Sie: **Ça a été** ? Diese Frage setzt sich aus **ça** [sa] *das* und der Vergangenheitsform von **être** zusammen. In der dritten Person Singular lautet die Vergangenheitsform, das **passé composé**, von **être** *sein*: **a été** [a ete] *ist gewesen*. Die wörtliche Übersetzung der Frage lautet also: *Ist das gewesen?* Die Kellnerin möchte von Ihnen wissen, ob es Ihnen geschmeckt hat. Sie antworten, dass es Ihnen sehr gut geschmeckt hat: **Oui, très bien.**

Wenn Ihnen das Essen besonders gut geschmeckt hat, können Sie auch sagen: **C'était délicieux.** [setä delisjö] *Es war köstlich.* **Était** ist auch eine Vergangenheitsform von **être**, das Imparfait, eine Zeitform, die es im Deutschen so nicht gibt. Merken Sie sich einfach diesen Ausdruck: **c'était délicieux / c'était très bien.**

Wir haben bereits die Akzente **accent aigu** und **accent circonflexe** erklärt. Es fehlt jedoch noch der dritte französische Akzent, der **accent grave**. Man findet ihn auf den Vokalen **à**, **è** und **ù**. In unserem Beispiel kommt er bei dem Wort **très** vor. Auf **à** und **ù** dient er zur Unterscheidung von gleichlautenden Wörtern wie z.B. **la** [la] *die* und **là** [la] *dort* bzw. **ou** [u] *wo* und **où** [u] *oder*. Auf dem Vokal **è** bewirkt er, dass das **e** offen ausgesprochen wird. In unserer Umschrift geben wir diesen Laut mit einem [ä] wieder, wie zum Beispiel im deutschen Wort Äpfel.

Jetzt sind Sie dran.

Verbinden Sie die folgenden französischen Wörter, die alle ein **è** enthalten, mit der deutschen Übersetzung. Lesen Sie dann die französischen Wörter laut vor.

1. très   ____ **A** hinter

2. une bière   ____ **B** ein Ausweis

3. derrière   ____ **C** kein Problem

4. près de   ____ **D** sehr

5. une pièce d'identité   ____ **E** ein Bier

6. pas de problème   ____ **F** nahe von

Lösung
1. D; **2.** E; **3.** A;
4. F; **5.** B; **6.** C

Haben Sie noch Appetit auf etwas Süßes zum Abschluss?

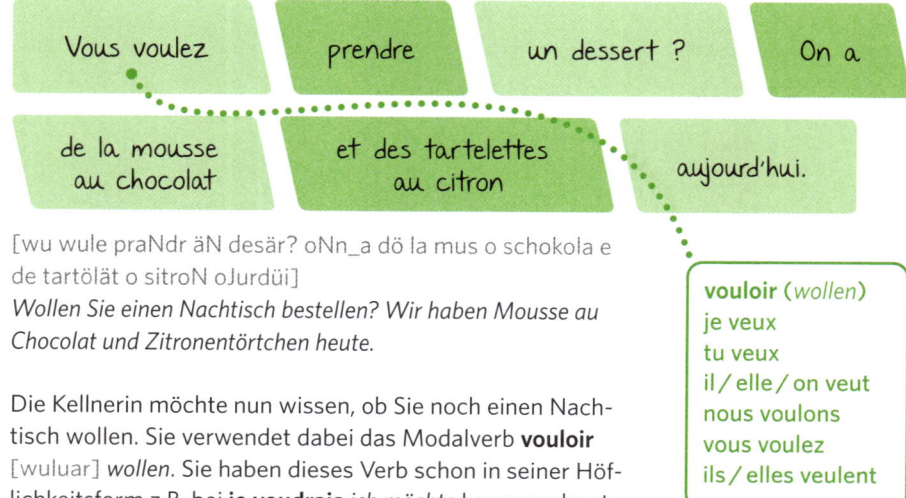

[wu wule praNdr äN desär? oNn_a dö la mus o schokola e
de tartölät o sitroN oJurdüi]
*Wollen Sie einen Nachtisch bestellen? Wir haben Mousse au
Chocolat und Zitronentörtchen heute.*

Die Kellnerin möchte nun wissen, ob Sie noch einen Nach-
tisch wollen. Sie verwendet dabei das Modalverb **vouloir**
[wuluar] *wollen*. Sie haben dieses Verb schon in seiner Höf-
lichkeitsform z.B. bei **je voudrais** *ich möchte* kennengelernt.

> **vouloir** (*wollen*)
> je veux
> tu veux
> il / elle / on veut
> nous voulons
> vous voulez
> ils / elles veulent

Bei **vous voulez** liegt die normale Gegenwartsform vor. Die komplette Konjugation des
Verbes können Sie der Grammatikbox entnehmen. Nach den Modalverben wie **vouloir**
wollen, **pouvoir** *können* und **devoir** *müssen* folgt in der Regel ein Infinitiv, wie hier zum
Beispiel **vouloir** und **prendre**: **Vous voulez prendre…?** *Wollen Sie … nehmen?*

Das deutsche Wort *Dessert* kommt aus dem Französischen. Den typisch französischen
Nachtisch, die **mousse au chocolat**, kennt man hierzulande natürlich auch. Eine wört-
liche Übersetzung wäre *Schokoladenschaum*.

Der Begriff **une tartelette** [ün tartölät] ist eine Verkleinerungsform des französischen
Wortes **tarte** [tart] *Kuchen*. Es handelt sich dabei um kleine Mürbeteig-Tortenböden,
die meistens mit Pudding und Obst gefüllt werden. Es gibt sie aber auch mit Zitronen-,
Flan- oder Schokoladenfüllung.
Das Bistro in unserem Beispiel hat heute die *Zitronentörtchen* **tartelettes au citron** auf
der Tageskarte. Die mit Schokolade gefüllten Törtchen würde man als **tartelettes au
chocolat** [tartölät o schokola] bezeichnen. Die Ergänzung mit **au** oder **à la** wie zum
Beispiel in **mousse au chocolat** oder **tartelette au citron** deutet also auf die Ge-
schmacksrichtung oder die Füllung hin.

Oftmals steht auf der Tageskarte auch nur **dessert du jour** [desär dü Jur] oder **tarte du jour** [tart dü Jur] als Dessert. Dann müssten Sie folgendermaßen nachfragen: **Quel est le dessert du jour ?** [käl ä lö desär dü Jur?] *Was ist das Dessert des Tages?* oder **Quelle est la tarte du jour ?** [käl ä la tart dü Jur?] *Welchen Kuchen gibt es heute?* Die Auswahl an Nachtischen ist in Bistros meist eher klein. Wer eine größere Auswahl an Süßspeisen und Gebäck möchte, sollte in *eine Konditorei* **une pâtisserie** [patisri] oder in einen **salon de thé** [saloN dö te] *eine Teestube* bzw. *ein Café*, ähnlich wie wir es in Deutschland kennen, gehen.

Wer es hingegen lieber salzig mag, kann vor oder anstelle des Desserts eine Käseplatte **un plateau de fromage** [äN plato dö fromaJ] bestellen.

In der folgenden Tabelle finden Sie eine Auswahl an französischen Desserts bzw. Dessertbezeichnungen.

la crème brûlée [la kräm brüle]	*Dessert aus Eigelb, Sahne und Zucker mit Karamellkruste*
la crème caramel [la kräm karamäl]	*der Karamellpudding*
l'éclair (au café / au chocolat) (m.) [leklär o kafe / o schokola]	*der Eclair mit Kaffee- / Schokoladenfüllung*
le millefeuille [lö milfeuj]	*Blätterteig-Vanillecreme-Schnitte*
l'île flottante (w.) [lil flotaNt]	*Vanillesoße mit darauf schwimmendem pochiertem Eischnee*
la profiterole [la profitrol]	*kleiner mit Eis oder Vanillecreme gefüllter Windbeutel*
la glace [la glas]	*das Eis*
la tarte aux framboises / aux pommes [la tart o fraNbuaz / o pom]	*der Himbeer- / Apfelkuchen*
le gâteau [lö gato]	*die Torte, der Kuchen*
la crème (chantilly) [la kräm (schaNtiji)]	*die (Schlag-) Sahne*
la salade de fruits [la salad dö früi]	*der Obstsalat*

Jetzt sind Sie dran.

Verbinden Sie die vorgegebenen Wörter, um diese leckeren Nachtische zu bestellen.

un gâteau   une crème   une tarte   une glace   une tartelette
à la vanille   au chocolat   aux framboises   caramel   aux pommes

1. ein Schokoladenkuchen:

2. ein Himbeertörtchen:

3. ein Karamellpudding:

4. ein Vanilleeis:

5. ein Apfelkuchen:

Lösung
1. un gâteau au chocolat
2. une tartelette aux framboises
3. une crème caramel
4. une glace à la vanille
5. une tarte aux pommes

Beim Nachtisch werden Sie nochmal schwach:

Deux tartelettes   au citron,   un café et un décaféiné,

s'il vous plaît.   – D'accord.

[dö tartölät o sitroN, äN kafe et_äN dekafeine, sil wu plä. - dakor.]
Zwei Zitronentörtchen, einen Kaffee und einen koffeinfreien Kaffee, bitte. – In Ordnung.

Sie entscheiden sich für zwei Zitronentörtchen. Dazu bestellen Sie noch zwei *warme Getränke* **boissons chaudes** [buasoN schod], einmal einen *Kaffee* **un café** [äN kafe] und einmal einen *koffeinfreien Kaffee* **un décaféiné** [äN dekafeine]. Letzteres wird oft abgekürzt als **déca** [deka] bezeichnet. Wenn Sie in Frankreich einen **café** bestellen, erhalten Sie eine kleine Tasse mit starkem, schwarzem Kaffee. Das ist meist ein Espresso, zu dem man auch **un expresso** [äNn_äkspreso] oder **un café noir** [äN kafe nuar] sagen könnte. Einen Kaffee mit Milch bekommen Sie, wenn Sie einen **café crème** [kafe kräm] bestellen, welchen es in einer größeren **un grand crème** und kleineren **un**

petit crème Version gibt. Ein **café au lait** [kafe o lä] enthält noch mehr Milch, wird aber selten in einem Restaurant bestellt. **Un café américain** [äN kafe amerikäN] kommt dem deutschen Filterkaffee am nächsten. Wer gerne einen sehr starken Kaffee trinkt, sollte einen **café serré** [kafe säre] bestellen.

Andere heiße Getränke sowie die Übersetzung für Zucker und Honig können Sie folgender Tabelle entnehmen.

le thé [lö te]	*der schwarze Tee*
l'infusion (w.) [läNfüzjoN]	*der Kräutertee*
le chocolat chaud [lö schokola scho]	*die heiße Schokolade*
le lait (chaud) [lö lä (scho)]	*die (heiße) Milch*
le citron chaud [lö sitroN scho]	*die heiße Zitrone*
le sucre [lö sükr]	*der Zucker*
le miel [lö mjäl]	*der Honig*

Jetzt sind Sie dran.

Ergänzen Sie die Bestellung mit folgenden Satzbausteinen.

jour thé voulez noté éclairs

1. Vous   prendre un dessert ?

2. Quel est le dessert du   ?

3. Aujourd'hui, on a des   au chocolat et une tarte aux pommes.

4. Alors, deux éclairs au chocolat, un café crème et un   , s'il vous plaît.

5. D'accord. C'est   .

Lösung
1. voulez; **2.** jour; **3.** éclairs;
4. thé; **5.** noté

9   L'ADDITION, S'IL VOUS PLAÎT !

Nachdem Sie sich den Nachtisch haben schmecken lassen, möchten Sie bezahlen:

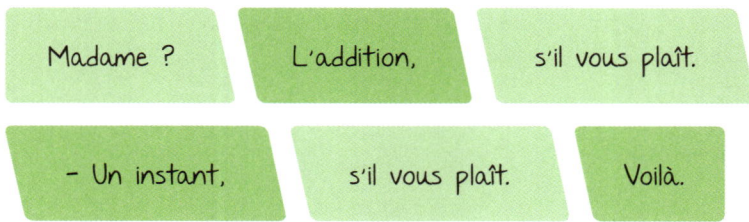

Madame ?   L'addition,   s'il vous plaît.

– Un instant,   s'il vous plaît.   Voilà.

[madam? ladisjoN, sil wu plä. – äNn_äNstaN, sil wu plä. wuala.]
Die Rechnung, bitte. – Einen Moment, bitte. Hier bitte.

Um nach der Kellnerin zu rufen, genügt ein **Madame?** bzw. bei einem Kellner
Monsieur? [mösjö]. Mit der Wendung **L'addition, s'il vous plaît.** machen Sie deutlich,
dass Sie bezahlen wollen. Das Wort **addition** können Sie sich mit dem deutschen Wort
Addition merken. Die Kellnerin bittet Sie, einen Moment zu warten (**un instant** oder **un
moment**). Sie überreicht Ihnen dann mit einem **voilà** die Rechnung.

Jetzt sind Sie dran.

Die Sätze sind durcheinandergeraten. Bringen Sie sie wieder in die richtige Reihenfolge.

1. un voudrais je café une et infusion .

2. du au vous aujourd'hui mousse avez chocolat ?

3. Monsieur, s'il vous plaît l'addition, .

4. un s'il vous plaît instant, .

Lösung
1. Je voudrais un café et une infusion.
2. Vous avez du mousse au chocolat
   aujourd'hui ?
3. Monsieur, l'addition, s'il vous plaît.
4. Un instant, s'il vous plaît.

Sie möchten gerne mit Karte zahlen und fragen daher:

| Je peux payer | par carte bancaire ? | – Oui, | bien sûr. |

[Jö pö peje par kart baNkär? – üi, bjäN sür.]
Kann ich mit EC-Karte bezahlen? – Ja, natürlich.

In der Frage hier sehen Sie das Verb **pouvoir** wieder. Danach folgt das Verb **payer** [peje] *(be-)zahlen*. Die Bezeichnung **carte bancaire** steht für Kreditkarte und EC-Karte. Sie könnten auch sagen: **Je peux payer par carte?** Die Kellnerin bejaht hier Ihre Frage. Sie könnte aber auch antworten: **Désolée. Notre lecteur de cartes est en panne.** [dezole. notr läktör dö kart ät_aN pan.] *Es tut mir leid, unser Kartenlesegerät ist kaputt.* Falls Sie mit Bargeld bezahlen **payer en espèce** [peje aN espes], bringt die Kellnerin Ihnen das Restgeld auf einem kleinen Teller. Sie können dann dort etwas Kleingeld als Trinkgeld zurücklassen. Wenn Sie beim Bezahlen die Summe um das Trinkgeld aufrunden, würde man das in Frankreich nicht verstehen. Auch wenn Sie mit Karte zahlen: Zahlen Sie den genauen Preis und lassen Sie etwas Trinkgeld auf dem Tisch liegen. Wenn Sie im Bistro oder im Restaurant noch die Toilette aufsuchen wollen, fragen Sie: **Où sont les toilettes?** [u soN le toalät?] *Wo sind die Toiletten?*

Jetzt sind Sie dran.

Wer sagt welchen Satz? Ordnen Sie folgende Sätze der *Kellnerin* **la serveuse** bzw. dem *Gast* **le client** [lö klijaN] zu.

	la serveuse	le client
1. Nous prenons un café et un chocolat chaud, s'il vous plaît.		
2. Vous voulez prendre un dessert ?		
3. Est-ce qu'on peut avoir du poivre, s'il vous plaît ?		
4. Voilà l'addition. Vous voulez payer par carte bancaire ?		
5. Je peux payer par carte bancaire ?		

Lösung
la serveuse: 2, 4; le client: 1, 3, 5

Jetzt sind Sie dran.

Im Folgenden finden Sie alle neuen Wörter, denen Sie in dieser Lektion begegnet sind. Eine Möglichkeit, sich die Vokabeln besser einzuprägen, sind Themenlisten. Sammeln Sie alle Vokabeln zu einem Thema, z.B. Essen und Trinken. Strukturieren Sie dann diese Liste in Ober- und Unterkategorien. Beim Thema Essen und Trinken zum Beispiel in die Oberkategorie Getränke und die Unterkategorien kalte und warme / heiße Getränke.

TR. 64

le sel [lö säl]	*das Salz*
le poivre [lö puawr]	*der Pfeffer*
l'huile (d'olive) (w.) [lüil (doliw)]	*das (Oliven-) Öl*
le vinaigre [lö winägr]	*der Essig*
le beurre [lö bör]	*die Butter*
le pain [lö päN]	*das Brot*

TR. 65

délicieux [delisjö]	*köstlich*
la mousse au chocolat [la mus o schokola]	*die Mousse au chocolat*
la crème brûlée [la kräm brüle]	*Dessert aus Eigelb, Sahne und Zucker mit Karamellkruste*
la crème caramel [la kräm karamäl]	*der Karamellpudding*
l'éclair (au café / au chocolat) (m.) [leklär o kafe / o schokola]	*der Eclair mit Kaffee- / Schokoladenfüllung*
le millefeuille [lö milfeuj]	*Blätterteig-Vanillecreme-Schnitte*
l'île flottante (w.) [lil flotaNt]	*Vanillesoße mit darauf schwimmendem pochiertem Eischnee*
la profiterole [la profitrol]	*kleiner mit Eis oder Vanillecreme gefüllter Windbeutel*
la glace [la glas]	*das Eis*

la tarte [la tart]	*der Kuchen*	TR. 66
la tartelette [la tartölät]	*das Törtchen*	
la tarte aux framboises / aux pommes [la tart o fraNbuaz / o pom]	*der Himbeer- / Apfelkuchen*	
le gâteau [lö gato]	*die Torte, der Kuchen*	
la crème (chantilly) [la kräm (schaNtiji)]	*die (Schlag-) Sahne*	
la salade de fruits [la salad dö früi]	*der Obstsalat*	
le plateau de fromage [lö plato dö fromaJ]	*die Käseplatte*	
la pâtisserie [la patisri]	*die Konditorei*	
le salon de thé [lö saloN dö te]	*das Café, die Teestube*	

le café [lö kafe]	*der Kaffee*	TR. 67
le décaféiné [lö dekafeine]	*der koffeinfreie Kaffee*	
le café noir [lö kafe nuar]	*der schwarze Kaffee*	
l'expresso (m.) [läkspräso]	*der Espresso*	
le café double [lö kafe dubl]	*der doppelte Kaffee*	
le café crème [lö kafe kräm]	*der Milchkaffee*	
le grand / petit crème [lö graN / pöti kräm]	*der große / kleine Milchkaffee*	
le café au lait [lö kafe o lä]	*der Milchkaffee*	
le café américain [lö kafe amerikäN]	*der Filterkaffee*	
le café serré [lö kafe säre]	*der starke Kaffee*	

le thé [lö te]	*der schwarze Tee*	TR. 68
l'infusion (w.) [läNfüzjoN]	*der Kräutertee*	
le chocolat chaud [lö schokola scho]	*die heiße Schokolade*	
le lait chaud [lö lä scho]	*die heiße Milch*	
le citron chaud [lö sitroN scho]	*die heiße Zitrone*	
le sucre [lö sükr]	*der Zucker*	
le miel [lö mjäl]	*der Honig*	

9 L'ADDITION, S'IL VOUS PLAÎT !

TR. 69

l'addition (w.) [ladisjoN]	*die Rechnung*
vouloir [wuluar]	*wollen*
on voudrait [oN wudrä]	*wir möchten*
payer [peje]	*bezahlen*
payer en espèce [peje aN espes]	*bar bezahlen*
la carte bancaire [la kart baNkär]	*die Kreditkarte, die EC-Karte*
l'instant (m.) [läNstaN]	*der Augenblick*
le lecteur de cartes [lö läktör dö kart]	*das Kartenlesegerät*
être en panne [ätr aN pan]	*defekt sein*
les toilettes [le toalät]	*die Toiletten*

140

Nun können Sie auch einen Nachtisch bestellen, nach der Rechnung fragen und bezahlen. Hören Sie sich zum Schluss den vollständigen Dialog an.

TR. 70

- Excusez-moi, madame. Est-ce qu'on peut avoir du sel, s'il vous plaît ?
- Oui, bien sûr. Je vous l'apporte tout de suite.

(...)

- Ça a été ?
- Oui, très bien, merci.
- Vous voulez prendre un dessert ? On a de la mousse au chocolat et des tartelettes au citron aujourd'hui.
- Deux tartelettes au citron, un café et un décaféiné, s'il vous plaît.
- D'accord.

(...)

- Madame ? L'addition, s'il vous plaît.
- Un instant, s'il vous plaît... Voilà.
- Je peux payer avec carte bancaire ?
- Oui, bien sûr.

Mit diesen Bausteinen können Sie nun bestellen oder nach der Bezahlung fragen.

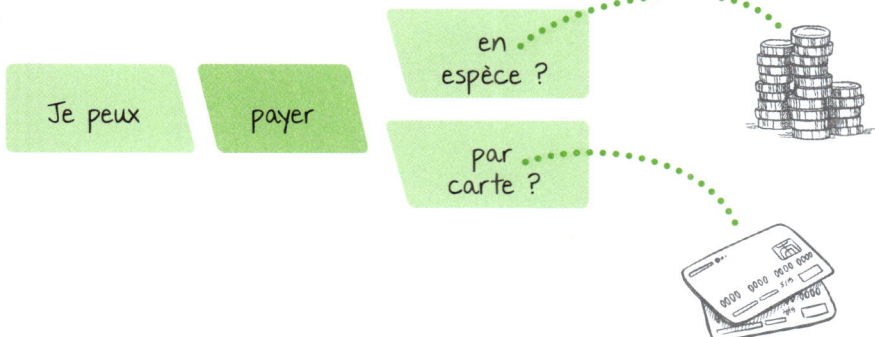

Je peux | payer | en espèce ? | par carte ?

10 AU BUREAU DE TABAC
IM TABAKLADEN

Sie sind auf der Suche nach einer deutschen Zeitung und möchten außerdem Postkarten und Briefmarken kaufen. Dabei können Ihnen folgende Wörter behilflich sein. Einige kennen Sie schon aus den vorherigen Lektionen, andere können Sie durch verwandte Wörter im Deutschen erschließen.

le journal
Zeitung

allemand
deutsch

la carte postale
Postkarte

combien
wie viel

coûter
kosten

l'Europe
Europa

l'Allemagne
Deutschland

prendre
nehmen

vouloir
wollen

la monnaie
Rückgeld

Wenn Sie in Frankreich eine Zeitung oder Postkarten kaufen wollen, können Sie das entweder an einem *Zeitungskiosk* **un kiosque à journaux** [äN kjosk a Jurno], in einem *Zeitschriftenladen* **une maison de la presse** [ün mäzoN dö la präs] oder in einem so- genannten **tabac** [taba] *Tabakladen* tun, was abgekürzt für **bureau de tabac** [büro dö taba] steht.

In diesen Tabakläden werden neben Tabakwaren oft auch Zeitungen, Zeitschriften, Briefmarken, Süßigkeiten, Lottoscheine und vieles mehr verkauft. Oft findet man das Tabakwarengeschäft in Kombination mit einem Lokal als **bar-tabac** [bar-taba] oder **café-tabac** [kafe-taba]. Erkennen kann man die **tabacs** an der roten, rautenförmigen Leuchtreklame, die von den Franzosen **carotte** genannt wird.

Sie betreten also den **tabac** und begrüßen die Verkäuferin. Dann erkundigen Sie sich, ob hier deutsche Zeitungen verkauft werden.

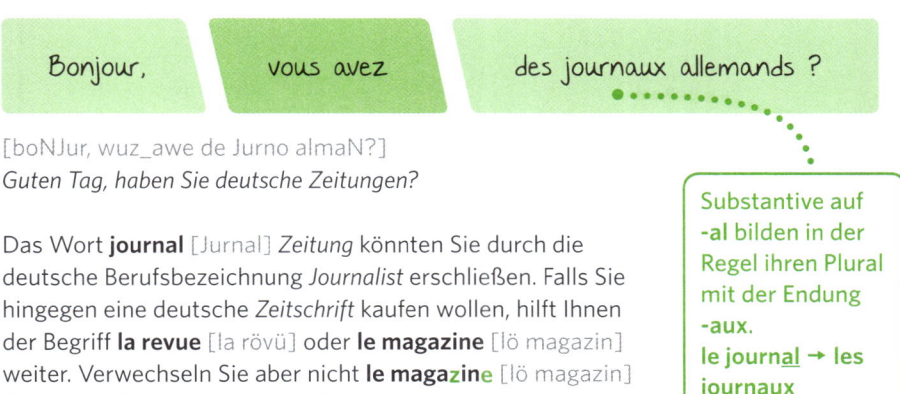

Bonjour, vous avez des journaux allemands ?

[boNJur, wuz_awe de Jurno almaN?]
Guten Tag, haben Sie deutsche Zeitungen?

Das Wort **journal** [Jurnal] *Zeitung* könnten Sie durch die deutsche Berufsbezeichnung *Journalist* erschließen. Falls Sie hingegen eine deutsche *Zeitschrift* kaufen wollen, hilft Ihnen der Begriff **la revue** [la rövü] oder **le magazine** [lö magazin] weiter. Verwechseln Sie aber nicht **le magazine** [lö magazin] *die Zeitschrift* mit **le magasin** [lö magazäN] *das Geschäft*.

> Substantive auf **-al** bilden in der Regel ihren Plural mit der Endung **-aux**.
> **le journal** → **les journaux**

Das Adjektiv **allemand** haben Sie bereits in der zweiten Lektion gelernt. Es hat hier noch ein **-s** angehängt, um die Pluralform zu kennzeichnen, da es an **des journaux** angeglichen wird.

Jetzt sind Sie dran.

Widmen wir uns am Anfang dieser Lektion der Aussprache und zwar dem nasalen Laut [aN], den Sie bei der zweiten Silbe des Wortes **allemand** [almaN] finden. Sprechen Sie folgende Wörter mehrmals aus. Probieren Sie dabei die Sprechweise zu variieren, einmal langsam, dann schnell, leise und abschließend laut.

1. allemand [alma**N**]   **2.** vendre [wa**N**dr]
3. français [fra**N**sä]   **4.** enchanté [a**N**scha**N**te]
5. un croissant [äN kruasa**N**]   **6.** en anglais [a**N**n_a**N**glä]

Die Verkäuferin bejaht Ihre Frage nach den deutschen Zeitungen und sagt Ihnen, wo Sie suchen sollen:

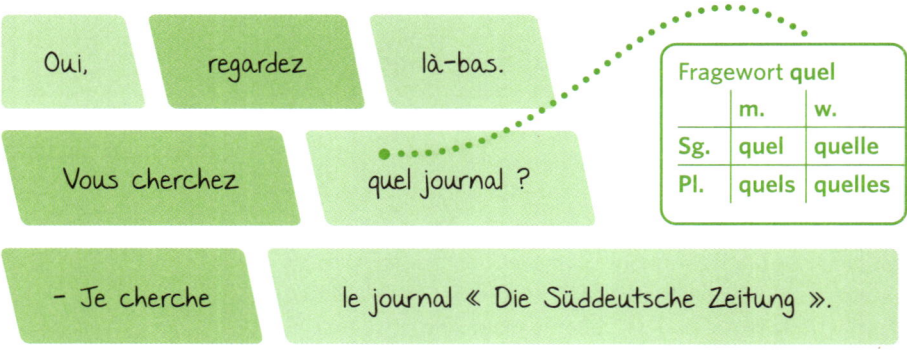

Fragewort **quel**		
	m.	**w.**
Sg.	quel	quelle
Pl.	quels	quelles

Oui, regardez là-bas.

Vous cherchez quel journal ?

– Je cherche le journal « Die Süddeutsche Zeitung ».

[üi, rögarde la-ba. wu schärsche käl Jurnal?- Jö schärsch lö Jurnal „di süddeutsche zeitung".]
Ja, schauen Sie dort. Welche Zeitung suchen Sie? - Ich suche die Zeitung „Die Süddeutsche Zeitung".

Hier sehen Sie wieder die Befehlsform des Verbs **regarder** [rögarde] *ansehen*. Der Ausdruck **là-bas** [la-ba] ist eine Ortsangabe, die sich aus **là** *dort* und **bas** *tief*, unten zusammensetzt und *dorthin, dahin, dort* bedeutet.

Anschließend erkundigt sich die Verkäuferin, welche Zeitung Sie denn suchen. Hier tauchen das Verb **chercher** und der Fragebegleiter **quel** auf, die Sie bereits kennengelernt haben. Wie die Adjektive muss auch der Fragebegleiter an das Bezugswort angeglichen werden. Da das Bezugswort **journal** männlich ist und im Singular steht, lautet die korrekte Form des Fragebegleiters **quel**. Würde die Verkäuferin fragen, für welche Zeitschrift Sie sich interessieren, müsste sie die weibliche Form **quelle** verwenden: **Vous cherchez quelle revue?** [wu schärsche käl röwü?] *Welche Zeitschrift suchen Sie?*

Im zweiten Teil des Dialogausschnitts geben Sie dann den Titel der Zeitung an, die Sie suchen. Für eine Zeitschrift würde die Aussage folgendermaßen lauten: **Je cherche la revue « Gala ».** [Jö schärsch la röwü „Gala".] *Ich suche die Zeitschrift „Gala".*

Und jetzt sind Sie dran.

Sie sind in einem **tabac** und werden von der Verkäuferin gefragt, was Sie suchen. Geben Sie auf Französisch an, nach was Sie Ausschau halten.

1. Ich suche deutsche Zeitschriften.

2. Ich suche die Zeitung „Die Zeit".

3. Haben Sie deutsche Zeitungen?

Lösung
1. Je cherche des revues allemandes.
2. Je cherche le journal « Die Zeit ».
3. Vous avez des journaux allemands ?

Die Verkäuferin sagt Ihnen, wo Sie das Gesuchte finden:

Regardez,	il est	dans le porte-revues	sur votre gauche.

[rögarde, il ä daN lö port-röwü sür wotr gosch.]
Schauen Sie, sie ist im Zeitungsständer links von Ihnen.

Das Pronomen **il** *er* bezieht sich auf **le journal** (männlich!), wird aber im Deutschen mit sie übersetzt, da *Zeitung* im Deutschen weiblich ist. Der Ausdruck *Zeitungsständer* setzt sich aus **porter** [porte] *tragen* und **revues** zusammen und bedeutet wörtlich daher der „Zeitschriftenträger".

Die Richtungsangabe **sur votre gauche** kennen Sie bereits von der Wegbeschreibung. Falls Sie sich nicht mehr genau an die Richtungsangaben erinnern, wird Ihnen folgende Übung auf die Sprünge helfen.

Und jetzt sind Sie dran.

Ordnen Sie die Übersetzungen richtig zu.

1. geradeaus   ___ **A** tourner à gauche

2. rechts von Ihnen   ___ **B** prendre la rue à droite

3. nach links abbiegen   ___ **C** tout droit

4. in die Straße rechts einbiegen   ___ **D** sur votre droite

Lösung
1. C; **2.** D; **3.** A; **4.** B

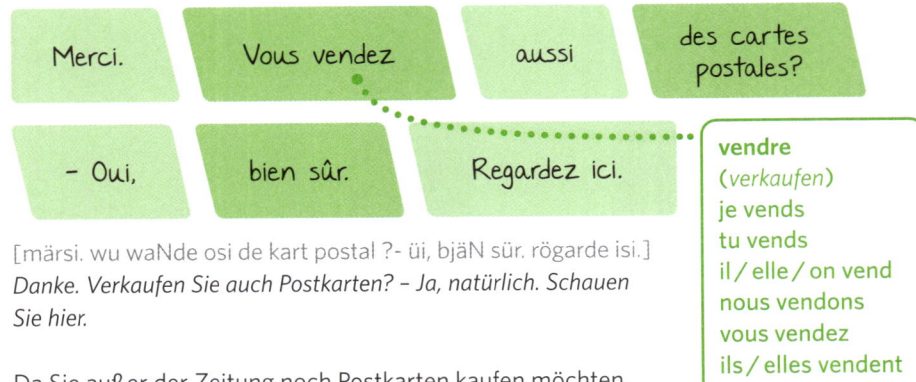

[märsi. wu waNde osi de kart postal ?- üi, bjäN sür. rögarde isi.]
Danke. Verkaufen Sie auch Postkarten? – Ja, natürlich. Schauen Sie hier.

vendre
(*verkaufen*)
je vends
tu vends
il / elle / on vend
nous vendons
vous vendez
ils / elles vendent

Da Sie außer der Zeitung noch Postkarten kaufen möchten, erkundigen Sie sich, ob diese hier ebenfalls verkauft werden.
Sie verwenden dabei das Verb **vendre**. Die Konjugation der Verben, die auf **-re** enden, sehen Sie in der Grammatikbox am Beispiel von **vendre**.

Die Bezeichnung **carte postale** [kart postal] können Sie sicherlich erschließen. Im Plural wird sowohl an **carte** als auch an das Adjektiv **postale** ein **-s** angehängt. Die Verkäuferin zeigt Ihnen mit **Regardez ici**, wo Sie diese finden können. Die Ortsangabe **ici** [isi] *hier* ist das Gegenteil von **là** [la] *dort*.

Und jetzt sind Sie dran.

Ordnen Sie folgende Wörter Ihrem Gegenteil zu.

1. là   ____ **A** petit

2. grand   ____ **B** derrière

3. gauche   ____ **C** dernier

4. devant   ____ **D** nouveau

5. premier   ____ **E** ici

6. vieux   ____ **F** droite

Lösung
1. E; **2.** A; **3.** F; **4.** B; **5.** C; **6.** D

Demonstrativbegleiter		
	m.	w.
Sg.	ce / cet	cette
Pl.	ces	

[Jö praN se kart postal alor. – wu wule de täNbr?]
Dann nehme ich diese Postkarten. – Wollen Sie auch Briefmarken?

Sie haben sich Postkarten ausgesucht und legen diese auf den Tresen. Statt des be-
stimmten Artikels verwenden Sie den Demonstrativbegleiter, den Sie schon in Lektion
6 bei **cette rue** kennengelernt haben. Hier taucht er in der Pluralform **ces** [se] *diese* auf,
da **cartes postales** im Plural steht.

Die Verkäuferin fragt Sie, ob Sie auch *Briefmarken* **timbres** [täNbr] brauchen. Sie hätte
auch mit dem Ausdruck **avoir besoin de** *brauchen, benötigen* folgendermaßen fragen
können: **Vous avez besoin de timbres?** [wuz_awe bözäN de täNbr?] *Benötigen Sie
auch Briefmarken?* Nach **avoir besoin** folgt immer nur **de**, nicht der unbestimmte Artikel
im Plural.

Und jetzt sind Sie dran.

Antworten Sie passend auf folgende Fragen. Mehrere können richtig sein.

1. Je peux vous aider ?
- ☐ **A** Oui, je cherche des revues allemandes.
- ☐ **B** Regardez ici.
- ☐ **C** Oui, je voudrais des timbres.

2. Vous cherchez quel journal ?
- ☐ **A** J'ai besoin de timbres.
- ☐ **B** Je cherche le journal « FAZ ».
- ☐ **C** Non, merci.

3. Vous cherchez les revues ?
- ☐ **A** Les cartes postales sont sur votre droite.
- ☐ **B** Oui, je cherche des journaux allemands.
- ☐ **C** Oui, je cherche les revues françaises.

4. Vous avez besoin de timbres ?
- ☐ **A** Je voudrais 10 timbres
- ☐ **B** Un timbre coûte 1, 30 €.
- ☐ **C** Je voudrais des cartes postales.

Lösung
1. A, C; **2.** B; **3.** C; **4.** A

| Oui, | s'il vous plaît. | – Pour | quelle destination ? |

[üi, sil wu plä. – pur käl dästinasjoN?]
Ja, bitte.- Für welches Zielland?

Sie bejahen die Frage mit einem **Oui, s'il vous plaît.** Die Verkäuferin möchte nun wissen, wohin Sie die Postkarten schicken wollen. Der verwendete Begriff **destination** [dästinajoN] haben Sie vielleicht schon an Flughäfen gesehen, er wird für *Zielflughafen* und *Bestimmungsort* gebraucht. Im Französischen kann er ebenfalls für *Bestimmungsort* oder, wie in unserem Fall, für *Zielland* benutzt werden. Da **destination** weiblich ist und im Singular steht, wird die weibliche Singularform des Fragebegleiters **quel** benötigt: **quelle**.

Und jetzt sind Sie dran.

Setzen Sie in den Fragen die folgenden Fragewörter bzw. -begleiter richtig ein.

est-ce que quel où combien quelle

1.   sont les revues allemandes ?

2. Pour   destination ?

3.   vous vendez des cartes postales ?

4. Vous cherchez   journal ?

5. Ça coûte   ?

Lösung
1. Où; **2.** quelle; **3.** Est-ce que;
4. quel; **5.** combien

[pur lalmanje e la süis. sa kut koNbjäN?]
Für Deutschland und die Schweiz. Was kostet das?

Sie möchten Ihre Postkarten nach *Deutschland* **l'Allemagne** und in die *Schweiz* **la Suisse** schicken. Sie möchten gerne wissen, wie viel die Briefmarken kosten und fragen deshalb mit **Ça côute combien ?** nach dem Preis. Eine andere Möglichkeit, die Sie bereits kennen, wäre **Ça fait combien ?** *Wie viel macht das?*

Das Porto ist in Frankreich für europäische Länder bis zu 20 Gramm gleich, egal ob Postkarte oder *Brief* **la lettre** [la lätr]. Auf der normalen französischen Briefmarke ist die **Marianne** [marian] abgebildet, je nach Porto in einer anderen Farbe. Die Marianne war während der französischen Revolution das Symbol der Freiheit und ist bis heute die Nationalfigur der französischen Republik. Man findet ihr Gesicht nicht nur auf den Briefmarken, sondern auch auf den französischen 1-, 2-, und 5-Cent-Münzen wieder.

Und jetzt sind Sie dran.

Ordnen Sie die französischen Ländernamen den deutschen zu. Ein Land ist Ihnen bisher neu, aber Sie können es bestimmt erraten.

1. Italien   ___ **A** l'Allemagne

2. Schweiz   ___ **B** l'Italie

3. Österreich   ___ **C** la Suisse

4. Deutschland   ___ **D** l'Angleterre

5. Frankreich   ___ **E** l'Autriche

6. England   ___ **F** la France

Lösung
1. B; **2.** C; **3.** E;
4. A; **5.** F; **6.** D

Alors,   un timbre   pour l'Europe   coûte 1,30 euros.

– Je voudrais   cinq timbres.

[alor, äN täNbr pur lörop kut äNn_öro traNt. – Jö wudrä säNk täNbr.]
Also, eine Briefmarke für Europa kostet 1,30 Euro. – Ich möchte fünf Briefmarken.

Die Verkäuferin informiert Sie über den Preis der Briefmarke für europäische Länder. Sie verwendet das Substantiv **l'Europe** [lörop] *Europa.*
Sie sagen, dass Sie fünf Briefmarken wollen. Die einfachste Möglichkeit ist dazu, **je voudrais** zu verwenden. Eine andere Möglichkeit wäre die Formulierung mit **avoir besoin de**, die Sie bereits kennen gelernt haben: **J'ai besoin de cinq timbres.** [Jä bözuäN dö säNk täNbr] *Ich brauche fünf Briefmarken.*

Wenn Sie Raucher sind, dann fragen Sie im **bureau de tabac** nach **un paquet de cigarettes** [äN pakä dö sigarät] *ein Päckchen Zigaretten*, dieses ist allerdings deutlich teurer als in Deutschland.

Und jetzt sind Sie dran.

Übersetzen Sie die deutschen Sätze mit Hilfe der französischen Bausteine.

un paquet de cigarettes je dix trois voudrais je cartes postales timbres voudrais
je j' cherche allemand un journal s'il vous plaît

1. Ich suche eine deutsche Zeitung.

2. Ich möchte zehn Briefmarken.

3. Ich möchte gerne drei Postkarten.

4. Ein Päckchen Zigaretten, bitte.

Lösung
1. Je cherche un journal allemand.
2. Je voudrais dix timbres.
3. Je voudrais trois cartes postales.
4. Un paquet de cigarettes, s'il
   vous plaît.

Nun gibt Ihnen die Verkäuferin alles,
was Sie brauchen:

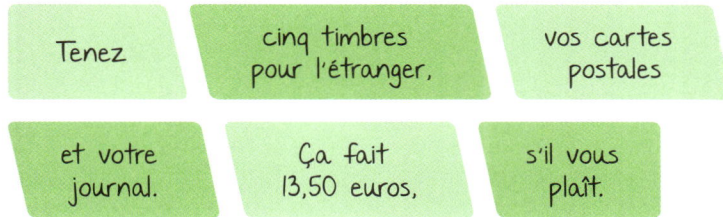

Tenez

cinq timbres
pour l'étranger,

vos cartes
postales

et votre
journal.

Ça fait
13,50 euros,

s'il vous
plaît.

[töne säNk täNbr pur letraNJe, wo kart postal e wotr Jurnal. sa fä träz_öro säNkaNt, sil
wu plä.]
Hier die fünf Briefmarken für das Ausland, Ihre Postkarten und Ihre Zeitung. Das macht 13,50
Euro, bitte.

Hier taucht noch eine neue Vokabel auf, nämlich **l'étranger** [letraNJe] das *Ausland*. Sie
hätte auch **cinq timbres internationaux** sagen können. **Internationaux** [äNtärnasjono]
ist die Pluralform des Adjektivs **international** [äNtärnasjonal], das wie die Substantive
auf **-al** (siehe **journal** am Anfang der Lektion) seinen Plural auf **-aux** bildet.

Nun müssen Sie nur noch bezahlen:

| Voilà | 15 euros. | – Voici votre monnaie | et bonne journée. |

[wuala käNz_öro. - wuasi wotr monä e bon Jurne.]
Hier 15 Euro. – Hier Ihr Rückgeld und einen schönen Tag.

Den Bezahlvorgang kennen Sie schon, neu ist hier nur die Bezeichnung für das *Wechselgeld* **la monnaie** [monä], das auch *Kleingeld* bedeutet.

Und jetzt sind Sie dran.

Bringen Sie die durcheinandergeratenen Buchstaben in die richtige Reihenfolge.

1. uevre _r___ ___ ___ _e_
2. metirb _t___ ___ ___ ___ _e_
3. rtaegénr _é___ ___ _a___ ___ ___ _r_
4. nidsetoniat _d___ ___ ___ ___ _n___ ___ ___ ___ _n_

Lösung
1. revue;
2. timbre;
3. étranger;
4. destination

Jetzt Sind Sie dran.

Hier finden Sie alle Wörter der Lektion. Nachdem Sie die Wörter in einem ersten Durchgang der Reihenfolge nach gelernt haben, ändern Sie beim nächsten Durchgang doch einmal die Reihenfolge, zum Beispiel von unten nach oben oder springen Sie zwischen den einzelnen Wörtern hin und her.

TR. 71

le bureau de tabac [lö büro dö taba]	*das Tabakwarengeschäft*
le tabac [lö taba]	*der Tabak, der Tabakladen*
le paquet de cigarettes [lö pakä dö sigarät]	*das Päckchen Zigaretten*
le bar-tabac [lö bar-taba]	*das Bistro mit Tabakwarenverkauf*

le kiosque à journaux [lö kjosk a Jurno]	der Zeitungskiosk
la maison de la presse [la mäzoN dö la präs]	das Zeitschriftengeschäft

· ·

TR. 72

🎧

la carte postale [la kart postal]	die Postkarte
le timbre [lö täNbr]	die Briefmarke
la lettre [la lätr]	der Brief
la destination [la dästinasjoN]	das Ziel, der Bestimmungsort
le journal, les journaux [lö Jurnal, le Jurno]	die Zeitung, die Zeitungen
la revue [la röwü]	die Zeitschrift
le magazine [lö magazin]	das Magazin
le magasin [lö magazäN]	das Geschäft
porter [porte]	tragen
le porte-revues [lö port-röwü]	der Zeitschriftenständer
vendre [waNdr]	verkaufen
bas [ba]	tief, unten
là-bas [la-ba]	dorthin, dahin

· ·

TR. 73

🎧

l'Europe (f.) [lörop]	Europa
européen, européenne [öropeäN, öropeän]	europäisch
international, internationaux [äNtärnajonal, äNtärnajono]	international
le pays [lö pei]	das Land
l'étranger (m.) [letraNJe]	das Ausland
l'Autriche [lotrisch]	Österreich

Hören Sie sich nun den gesamten Dialog im **Bureau de tabac** an.

TR. 74

- Bonjour, vous avez des journaux allemands ?
- Oui, regardez là-bas. Vous cherchez quel journal ?
- Je cherche le journal « Die Süddeutsche ».
- Regardez, il est dans le porte-revues sur votre gauche.
- Merci. Vous vendez aussi des cartes postales ?
- Oui, bien sûr. Regardez ici.
- Je prends ces cartes postales alors.
- Vous voulez des timbres ?
- Oui, s'il vous plaît.
- Pour quelle destination ?
- Pour l'Allemagne et pour la Suisse. Ça coûte combien ?
- Alors, un timbre pour l'Europe coûte 1,30 euros.
- Je voudrais cinq timbres.
- Tenez cinq timbres pour l'étranger, vos cartes postales et votre journal. Ça fait 13,50 euros, s'il vous plaît.
- Voilà 15 euros.
- Voici votre monnaie. Bonne journée !

Und mit diesen Bausteinen können Sie in einem **tabac** einkaufen.

cinq timbres pour l'étranger.

Je   voudrais   un journal allemand.

des cartes postales.

11 AU MAGASIN DE VÊTEMENTS
IM BEKLEIDUNGSGESCHÄFT

Frankreich ist berühmt für seine Mode und den französischen Schick.
Damit Sie in einem französischen Modegeschäft problemlos shoppen können,
lernen Sie in dieser Lektion die passenden Ausdrücke und Wendungen. Dabei
könnten Ihnen folgende Wörter, die Sie bereits kennen oder erschließen
können, eine Hilfe sein.

élégant
elegant

la fête
Fest

chercher
suchen

grand
groß

beaucoup
sehr

le modèle
Modell

petit
klein

la cabine
Kabine

aider
helfen

bleu
blau

Sie sind auf der Suche nach einem Kleid für einen festlichen Anlass und entdecken beim Schaufensterbummel ein schönes Modegeschäft.

[boNJur madam, Jö pö wuz_äde? - üi, Jö schärsch ün rob elegaNt pur la fät daniwärsär dö moN mari.]

Guten Tag Madame, kann ich Ihnen helfen? - Ja, ich suche ein elegantes Kleid für das Geburtstagsfest meines Mannes.

Mode- oder Bekleidungsgeschäfte heißen in Frankreich **la boutique de mode** [la butik dö mod] oder **le magasin de vêtements** [lö magazäN dö wätmaN]. Nachdem Sie nun also eines dieser Modegeschäfte betreten haben, fragt Sie der Verkäufer, wie er Ihnen helfen kann **Je peux vous aider?** Da wir diese Frage schon in Lektion 4 bei dem Dialog an der Hotelrezeption entschlüsselt haben, sehen wir uns die Antwort genauer an.

Sie sagen, dass Sie ein elegantes Kleid suchen. Das Verb **chercher** [schärsche] *suchen* kennen Sie vielleicht noch aus der letzten Lektion. Für *Kleid* verwenden die Franzosen den Begriff **la robe** [la rob]. Das Adjektiv **élégant** [elegaN] steht nach dem Substantiv und bekommt am Ende ein **-e** angehängt, da **la robe** weiblich ist. Dadurch verändert sich die Aussprache des Adjektivs: Das **t** am Wortende wird hörbar **élégante** [elegaNt].

Sie erwähnen auch den Anlass, zu dem Sie das Kleid anziehen wollen. Die **fête d'anniversaire** [la fät daniwärsär] *Geburtstagsfeier* setzt sich zusammen aus **la fête** [la fät] *Fest* und **l'anniversaire** [laniwärsär] *Geburtstag* zusammen. Das nachgestellte **de mon mari** [dö moN mari] steht für den deutschen Genitiv *meines Mannes*.

In der folgenden Tabelle finden Sie weitere *Kleidungsstücke* **les vêtements** [le wätmaN]:

le pantalon [lö paNtaloN]	*die Hose*
le jean [lö dJin]	*die Jeans·*
la jupe [la Jüp]	*der Rock*
le pull [lö pül]	*der Pullover*

le t-shirt / le tee-shirt [lö ti-schört]	*das T-shirt*
la chemise [la schömiz]	*das Hemd*
le chemisier [lö schömizje]	*die Bluse*
le gilet [lö Jilä]	*die Weste, die Strickjacke*
le tailleur [lö tajör]	*das Kostüm*
le manteau [lö maNto]	*der Mantel*
la veste [la wäst]	*die Jacke*
le costume [lö kostüm]	*der Anzug*
le pyjama [lö piJama]	*der Schlafanzug*
la chemise de nuit [la schömiz dö nüi]	*das Nachthemd*
le maillot de bain [lö majo dö bäN]	*der Badeanzug, die Badehose*

Jetzt sind Sie dran.

Formulieren Sie folgende Sätze auf Französisch.

1. Sie suchen eine Hose.

2. Sie suchen ein Hemd für Ihren Mann.

3. Sie suchen einen Rock für ein Geburtstagsfest.

4. Sie suchen einen eleganten Mantel.

Lösung
1. Je cherche un pantalon.
2. Je cherche une chemise pour mon mari.
3. Je cherche une jupe pour une fête d'anniversaire.
4. Je cherche un manteau élégant.

Der Verkäufer erkundigt sich dann nach Ihrer Größe:

| Quelle est | votre taille ? | – Je fais | du 40. |

[käl ä wotr taj? - jö fä dü karaNt.]
Welche Größe haben / tragen Sie? - Ich trage Größe 40.

Bei Kleidern verwendet man für die Größe den Begriff **la taille** [la taj]. Bei Schuhen hingegen den Begriff **la pointure** [la puäNtür]. Die Frage nach der Schuhgröße würde deshalb folgendermaßen lauten: **Quelle est votre pointure?** [käl ä wotr puäNtür?]. Um zu sagen, welche Größe man trägt, gebraucht man das Verb **faire** *machen* mit dem Teilungsartikel **du**. **Je fais du 40.** *Ich trage Größe 40.* heißt also wörtlich übersetzt *Ich mache 40.* Wichtig ist auch zu wissen, dass die französischen Kleidergrößen nicht den deutschen Kleidergrößen entsprechen, sondern eine Größe kleiner sind. Trägt man zum Beispiel in Deutschland Kleidergröße 42, braucht man in Frankreich eine 44. Dies gilt aber nur für die Kleidergrößen, nicht für die französischen Schuhgrößen, die mit den deutschen übereinstimmen.

Zum Thema Schuhe hier einige wichtige Wörter:

les chaussures (w. Pl.) [le schosür]   *die Schuhe*
les chaussures à talon (w. Pl.)   *die Schuhe mit Absatz*
  [le schosür a taloN]
les sandales (w. Pl.) [le saNdal]   *die Sandalen*
les baskets (w. Pl.) [le baskät]   *die Turnschuhe*
les bottes (w. Pl.) [le bot]   *die Stiefel*

Jetzt sind Sie dran.

Setzen Sie die durcheinandergeratenen Buchstaben in die richtige Reihenfolge, um Kleidungstücke oder Schuhmodelle zu finden.

1. puej j __ __ __ e *Rock*
2. tsoteb b __ __ t __ __ __ s *Stiefel*
3. alnptano p __ __ __ t __ __ __ __ n *Hose*
4. suehrscsua c __ __ __ __ s __ __ __ __ __ s *Schuhe*

Lösung
1. jupe; **2.** bottes;
3. pantalon; **4.** chaussures

Als nächstes fragt der Verkäufer Sie nach Ihren Lieblingsfarben:

| Quelles sont | vos couleurs préférées ? | – J'aime | le rouge et le bleu. |

[käl soN wo kulör prefere?- Jäm lö ruJ e lö blö.]
Was sind Ihre Lieblingsfarben? – Ich mag Rot und Blau.

Am Anfang der Frage steht das Fragewort **quelles** *welche*. Da es sich auf **couleurs** [ku-lör] *Farben* bezieht, muss es in der weiblichen Pluralform stehen. Darauf folgt **sont**, die Form des Verbs **être** *sein*, dann das Substantiv **couleurs** und das Adjektiv **préférées**. Es leitet sich vom Verb **préférér** [prefere] *lieber mögen*, *bevorzugen* und bedeutet in der Kombination mit einem Substantiv *Lieblings-*. So wäre zum Beispiel **le pantalon préféré** *die Lieblingshose*. Da es sich hier auf **couleurs** bezieht erhält es die Endung **-es**: **couleurs préférées**.

Sie antworten, dass Sie Rot und Blau mögen. Für *mögen* wird das Verb **aimer** [eme] verwendet, das Sie bestimmt durch die berühmten drei Worte **Je t'aime.** [Jö täm] *Ich liebe dich.* kennen. Mit dem Verb **aimer** drückt man auch aus, dass man etwas gerne macht, zum Beispiel: **J'aime faire du shopping.** [Jäm fär dü schoping.] *Ich gehe gerne shoppen.* In der Kombination von **aimer** und einem Substantiv steht nach **aimer** der bestimmte Artikel, daher auch vor den Farben **rouge** [ruJ] *rot* und **bleu** [blö] *blau*.

Hier lernen Sie nun weitere Farben kennen:

vert, verte [wär, wärte]	*grün*	
noir, noire [nuar, nuar]	*schwarz*	
gris, grise [gri, griz]	*grau*	
jaune [Jon]	*gelb*	
rose [roz]	*rosa*	
blanc, blanche [blaN, blaNsch]	*weiß*	
violet, violette [wiolä, wiolät]	*lila*	
marron [maroN]	*braun*	
orange [oraNJ]	*orange*	

Farbadjektive werden an das Substantiv angeglichen. Die Farben **bleu**, **vert**, **noir** und **gris** erhalten in der weiblichen Form ein **-e**. Die Farben die bereits auf **-e** enden, bekommen kein zusätzliches **-e**: **rouge**, **rose**, **jaune**. Es gibt auch Sonderformen: **blanc**, **blanche** und **violet**, **violette**. Einige Adjektive, die von Substantiven abgeleitet wurden, bleiben aber immer gleich: **marron**, **orange**.

Jetzt sind Sie dran.

Ordnen Sie die Übersetzung richtig zu.

1. eine blaue Hose   ____ **A** un chemisier gris

2. ein weißes Hemd   ____ **B** un t-shirt rouge

3. ein schwarzer Rock   ____ **C** une robe violette

4. ein rotes T-shirt   ____ **D** une chemise blanche

5. eine graue Bluse   ____ **E** un pantalon bleu

6. ein lila Kleid   ____ **F** une jupe noire

Lösung
1. E; **2.** D; **3.** F;
4. B; **5.** A; **6.** C

Der Verkäufer zeigt Ihnen drei Modelle:

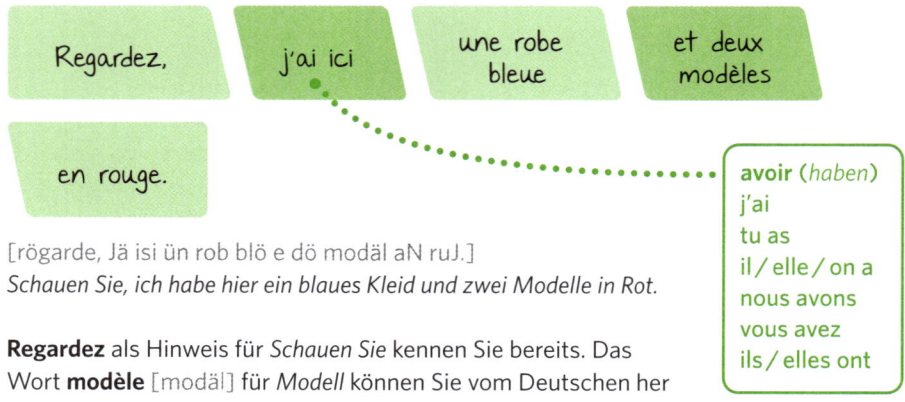

Regardez, j'ai ici une robe bleue et deux modèles en rouge.

[rögarde, Jä isi ün rob blö e dö modäl aN ruJ.]
Schauen Sie, ich habe hier ein blaues Kleid und zwei Modelle in Rot.

avoir (*haben*)
j'ai
tu as
il / elle / on a
nous avons
vous avez
ils / elles ont

Regardez als Hinweis für *Schauen Sie* kennen Sie bereits. Das
Wort **modèle** [modäl] für *Modell* können Sie vom Deutschen her
sicherlich erschließen.

Um die Farbe des Kleides zu benennen, kann man entweder die Farbe als Adjektiv
anhängen wie bei **une robe bleue** *ein blaues Kleid* oder man nimmt die Präposition **en**
+ Farbe. Im letzteren Fall wird dann die Farbe nicht angeglichen, da sie substantiviert
ist: **en rouge** *in Rot*. Daher ist **deux modèles en rouge** korrekt, auch wenn **modèles** im
Plural steht.

Zur Wiederholung sehen Sie hier oben nochmals das wichtige Verb **avoir** *haben*, das
hier in der ersten Person Singular vorkommt **j'ai**.

Jetzt sind Sie dran.

Die Sätze sind durcheinandergeraten. Bringen Sie sie wieder in die richtige Reihenfolge.

1. sont préférées vos quelles couleurs ?

2. le vert j' violet aime le et .

3. j' regardez une ici verte jupe ai .

4. deux voilà en modèles violet .

Lösung
1. Quelles sont vos couleurs préférées ?
2. J'aime le vert et le violet.
3. Regardez ici, j'ai une jupe verte.
4. Voilà deux modèles en violet.

Ihnen gefällt das blaue Kleid und Sie würden gerne wissen, aus welchem Material es ist:

La robe bleue | est en coton ? | – Non, | elle est | en soie.

[la rob blö ät_aN kotoN?- noN, äl ät_aN sua.]
Ist das blaue Kleid aus Baumwolle?- Nein, es ist aus Seide.

Um nach dem Material zu fragen, verwenden Sie die Präposition **en** und die Bezeichnung **coton** [kotoN] *Baumwolle*, das Sie vielleicht an das englische **cotton** erinnert. Der Verkäufer verneint dies jedoch und erklärt, dass das Kleid aus Seide ist. Die französische Übersetzung dazu lautet **en soie** [aN sua].

Weitere Materialien sehen Sie hier:

la laine [la län]   *die Wolle*
le cuir [lö küir]   *das Leder*
le lin [lö läN]   *das Leinen*

Jetzt sind Sie dran.

Stellen Sie folgende Fragen.

1. Sie wollen wissen, ob die Hose aus Leinen ist.

2. Sie fragen, ob die Jacke aus Leder ist.

3. Sie erkundigen sich, ob der Pullover aus Wolle ist.

4. Sie fragen, ob die Bluse aus Seide ist.

Lösung
1. Le pantalon est en lin ?
2. La veste est en cuir ?
3. Le pull est en laine ?
4. Le chemisier est en soie ?

Das blaue Kleid gefällt Ihnen und Sie möchten es anprobieren:

| Elle me plaît | beaucoup. | Je peux | l'essayer ? |

[äl mö plä boku. Jö pö leseje?]
Es gefällt mir sehr. Kann ich es anprobieren?

Die beiden Sätze sind, was die Vokabeln betrifft, nicht besonders schwierig. Der Satzbau ist jedoch etwas erklärungsbedürftig. Im ersten Satz ist das Verb **plaire** [plär] *gefallen* neu. Obwohl ganz neu ist es doch nicht. Sie kennen es indirekt schon aus dem Ausdruck **s'il vous plaît** für *bitte* (wörtlich: *wenn es Ihnen gefällt*). Das Verb **plaire** wird oft in der unpersönlichen Form mit **ça** verwendet, z.B. **Ça me plaît.** [sa mö plä] *Das gefällt mir.* Bei der dritten Person Singular muss man bei der Schreibung auf den **accent circonflexe** auf dem **i** achten. Beim Sprechen hört man den Akzent jedoch nicht.

plaire (*gefallen*)
je plais
tu plais
il / elle / on plaît
nous plaisons
vous plaisez
ils / elles plaisent

Entschlüsseln wir unseren Beispielsatz. Das Pronomen **elle** ersetzt **la robe**. Das Objekt-pronomen **me** [mö] *mir* zeigt an, wem das Kleid gefällt. Die Objektpronomen müssen immer vor dem konjugierten Verb stehen, in unserem Fall der Verbform **plaît**. Am Ende des Satzes steht noch das Adverb **beaucoup**, um zu betonen, dass Ihnen das Kleid *sehr* gefällt.

Wäre es nun ein Kleidungsstück, das im Französischen männlich ist wie z.B. **le panta-lon**, dann würde der Satz **Il me plaît beaucoup.** [il mö plä boku] lauten. Das Pronomen **il** steht für männliche Nomen im Singular.

Das Verb **pouvoir** *können* haben Sie schon kennengelernt. Hier sehen Sie die Form **je peux** *ich kann*. Darauf folgt das Verb **essayer** [eseje] *anprobieren*. Das Substantiv **la robe** ersetzen Sie wieder durch ein Objektpronomen, in diesem Fall **la**, vor Vokal zu **l'** verkürzt.

Das Verb **essayer** [eseje] *anprobieren* können Sie auch als Substantiv **essayage** [esäjaJ] *Anprobe* in einem anderen wichtigen Wort entdecken: **la cabine d'essayage** [la kabin desäjaJ] *die Umkleide*. Das Wort **cabine** erschließen Sie durch die Ähnlichkeit mit dem deutschen Wort *Kabine*. Und so können Sie danach fragen: **Où est la cabine d'essayage?** [u ä la kabin desäjaJ] *Wo ist die Umkleide?*

Jetzt sind Sie dran.

Ergänzen Sie die folgenden Sätze mit den vorgegebenen Satzbausteinen.

orange   couleurs   essayer   plaît   chemise

1. Je cherche une   pour la fête d'anniversaire de ma femme.

2. Quelles sont vos   préférées ?

3. J'aime le rose et l'   .

4. La jupe me   beaucoup.

5. Je voudrais   ce pantalon.

Lösung
1. chemise; **2.** couleurs; **3.** orange;
4. plaît; **5.** essayer

Die Verkäuferin gibt Ihnen die Kleider:

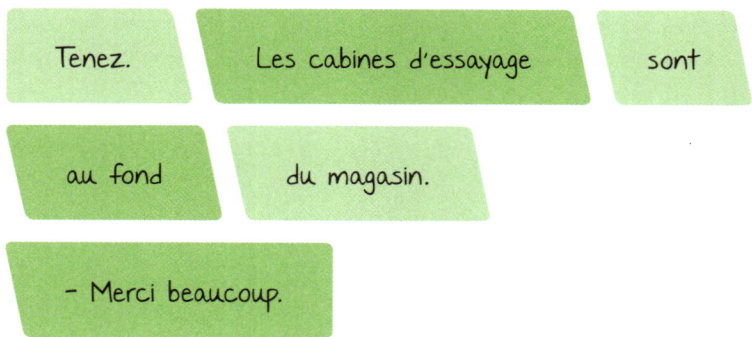

Tenez. Les cabines d'essayage sont

au fond du magasin.

– Merci beaucoup.

[töne. le kabin desäjaJ soNt_o foN dü magazäN. – märsi boku.]
Hier. Die Umkleidekabinen sind im hinteren Teil des Ladens. – Vielen Dank.

Sie finden hier auch eine neue Ortsangabe: **au fond de** [o foN dö], was in diesem Fall *im hinteren Teil / hinten* bedeutet. Das darin enthaltene Wort **le fond** [lö foN] hat viele Bedeutungen, darunter der *Hintergrund* bzw. der *hintere Teil*. Andere Orientierungspunkte in einem Geschäft sind der *Eingang* **l'entrée** [laNtre] bzw. der *Ausgang* **la sortie** [la sorti] und die *Kasse* **la caisse** [la käs].

Jetzt sind Sie dran.

Wo befinden sich die Umkleidekabinen? Geben Sie die Ortsangaben auf Deutsch wieder.

1. Les cabines d'essayage sont **à côté de la caisse.**

2. Les cabines d'essayage sont **à gauche de l'entrée.**

3. Les cabines d'essayage **sont près de la sortie.**

Lösung
1. Neben der Kasse.;
2. Links vom Eingang.;
3. In der Nähe des Ausgangs.

Der Verkäufer möchte nun wissen, ob Ihnen das Kleid passt.

Alors, elle vous va ?

[alor, äl wu wa?]
Und passt es Ihnen?

Im Französischen gibt es keine direkte Übersetzung für das Verb *passen*. Man verwendet meist eine Wendung aus **aller** und Objektpronomen, so wie es in unserem Beispiel der Fall ist. Das Pronomen **elle** ersetzt wie oben das Substantiv **la robe**. Das Objektpronomen **vous** bezieht sich auf Sie selbst und **va** ist die 3. Person Singular von **aller**. So kommt die Frage **Elle vous va**? zustande.
Wäre es ein Kleidungsstück, das im Französischen männlich ist, wie z.B. **le pantalon**, würde es heißen: **Il vous va?** [il wu wa?] Alternativ könnte der Verkäufer auch fragen: **La robe est à votre taille?** [la rob ä a wotr taj?] *Ist das Kleid in Ihrer Größe?*

Lernen Sie nun noch ein paar Accessoires kennen. Das deutsche Wort *Accessoires* leitet sich vom französischen Adjektiv **accessoire** [aksösuar] ab und bedeutet eigentlich *nebensächlich*.

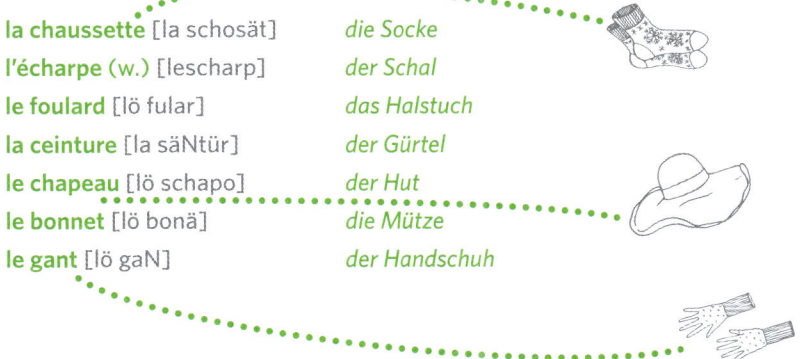

la chaussette [la schosät]	*die Socke*
l'écharpe (w.) [lescharp]	*der Schal*
le foulard [lö fular]	*das Halstuch*
la ceinture [la säNtür]	*der Gürtel*
le chapeau [lö schapo]	*der Hut*
le bonnet [lö bonä]	*die Mütze*
le gant [lö gaN]	*der Handschuh*

Jetzt sind Sie dran.

Lesen Sie folgende Werbung mit tollen *Angeboten* **promotions** [promosjoN] und beantworten Sie anschließend die Fragen auf Deutsch.

> Demain, on a des super promotions pour vous !
> Les chemisiers en soie coûtent seulement 38 €.
> Achetez deux pantalons et le troisième pantalon est gratuit.
> Des pulls en laine à 40 € et des jeans à 28 €.
> Venez chez « Isabelle », 4, rue des Rancy.

1. Wie viel kostet ein Wollpullover?

2. Wo befindet sich die Boutique?

3. Wie viel Hosen muss man kaufen, um eine Gratishose zu bekommen?

4. Aus welchem Material sind die Blusen, die 38€ kosten?

Lösung
1. Er kostet 40€.
2. Sie befindet sich in der Rue des Rancy.
3. Man muss zwei Hosen kaufen, die dritte ist kostenlos.
4. Aus Seide.

Leider passt Ihnen das Kleid nicht:

[malörözmaN, äl ä tro pötit. wu lawe aN
plü graNd? – üi, la wuasi.]
*Leider nicht, es ist zu klein. Haben Sie es
größer? – Ja, hier ist es.*

> Adverbien bildet man mit der weiblichen Form des Adjektivs + **-ment**:
> **malheureux** (m.) → **malheureuse** (w.)
> → **malheureus<u>e</u>ment** (Adverb)

Das Adverb *leider* heißt im Französischen **malheureusement**. Es wird vom Adjektiv **malheureux** [malörö] *unglücklich* abgeleitet und heißt daher *unglücklicherweise*.

Das Kleid ist Ihnen zu klein. Da **la robe** bzw. **elle** weiblich ist, gleichen Sie das Adjektiv an: **petite**. Um zu sagen, dass etwas *zu klein* ist, verwendet man das Wörtchen **trop** [tro]. Andere Adjektive, die Ihnen beim Anprobieren helfen könnten, wären: **grand** [graN] *groß*, **court** [kur] *kurz*, **long** [loN] *lang*, **étroit** [etrua] *eng* und **large** [larJ] *weit*.

Sie möchten nun wissen, ob es das Kleid noch in einer größeren Größe gibt. Das Substantiv **la robe** ersetzen Sie wieder durch ein Pronomen, in diesem Fall **la**, vor Vokal zu **l'** verkürzt. Die Steigerungsform von **grand** lautet **plus grand** [plü graN] *größer* bzw. **plus grande** [plü graNd] in der weiblichen Form. Vor **plus grande** steht noch die Präposition **en**. Wenn Sie die Pronomen vermeiden möchten, hätten Sie folgendermaßen fragen können: **Vous avez la robe en plus grande?** [wuz_awe la rob aN plü graNd?].

Sie haben Glück und der Verkäufer gibt Ihnen mit **la voici** das Kleid in der nächsten Größe. Auch hier ersetzt das Pronomen **la** das Substantiv **la robe**.

Abschließend könnten Sie noch nach dem Preis fragen: **La robe coûte combien?** [la rob kut koNbjäN?] *Wie viel kostet das Kleid?* Oder Sie sagen, dass Sie es kaufen / nehmen: **Je la prends / l'achète.** [Jö la praN / Jö laschät.] *Ich nehme es / kaufe es.*

Jetzt sind Sie dran.

Formulieren Sie folgende Sätze mithilfe der Satzbausteine auf Französisch.

1. la est jupe large trop *Der Rock ist zu weit.*

2. avez en chemise vous plus la petite *Haben Sie das Hemd in einer kleineren Größe?*

3. voudrais acheter l' je *Ich möchte sie (die Hose) kaufen.*

Lösung
1. La jupe est trop large.
2. Vous avez la chemise en plus petite ?
3. Je voudrais l'acheter.

Jetzt sind Sie dran.

Hier finden Sie nun alle Wörter, die Sie in dieser Lektion gelernt haben. Auch wenn es so langsam aus der Mode kommt, ist handschriftliches Aufschreiben bei Vokabeln äußerst hilfreich. Schreiben Sie die Vokabeln ab und erhöhen Sie damit die Chance auf eine erfolgreiche Aufnahme ins Gehirn. Durch das konkrete Schreiben der Buchstaben prägen sich die Vokabeln und deren Schreibweise besser ein.

TR. 75 🎧

le magasin de vêtements [lö magazäN dö wätmaN]	*das Kleidergeschäft*
la boutique de mode [la butik dö mod]	*die Modeboutique*
la cabine d'essayage [la kabin desäjaJ]	*die Umkleidekabine*
l'entrée (w.) [laNtre]	*der Eingang*
la sortie [la sorti]	*der Ausgang*
la caisse [la käs]	*die Kasse*

TR. 76 🎧

le vêtement [lö wätmaN]	*das Kleidungsstück*
la robe [la rob]	*das Kleid*
le pantalon [lö paNtaloN]	*die Hose*
le jean [lö dJin]	*die Jeans*
la jupe [la Jüp]	*der Rock*
le pull [lö pül]	*der Pullover*
le t-shirt / le tee-shirt [lö ti-schört]	*das T-shirt*
la chemise [la schömiz]	*das Hemd*
le chemisier [lö schömizje]	*die Bluse*

TR. 77 🎧

le gilet [lö Jilä]	*die Weste*
le tailleur [lö tajör]	*das Kostüm*
le manteau [lö maNto]	*der Mantel*
la veste [la wäst]	*die Jacke*
le costume [lö kostüm]	*der Anzug*
le pyjama [lö piJama]	*der Schlafanzug*

la chemise de nuit [la schömiz dö nüi]	*das Nachthemd*
le maillot de bain [lö majo dö bäN]	*der Badeanzug, die Badehɔse*

TR. 78
🎧

l'accessoire (m.) [laksösuar]	*das Accessoire*
le modèle [lö modäl]	*das Modell*
la chaussette [la schosät]	*die Socke*
l'écharpe (f.) [lescharp]	*der Schal*
le foulard [lö fular]	*das Halstuch*
la ceinture [la säNtür]	*der Gürtel*
le chapeau [lö schapo]	*der Hut*
le bonnet [lö bonä]	*die Mütze*
le gant [lö gaN]	*der Handschuh*

TR. 79
🎧

les chaussures (w. Pl) [le schosür]	*die Schuhe*
les chaussures à talon (w. Pl) [le schosür a taloN]	*die Schuhe mit Absatz*
les sandales (w. Pl) [le saNdal]	*die Sandalen*
les baskets (w. Pl) [le baskät]	*die Turnschuhe*
les bottes (w. Pl) [le bot]	*die Stiefel*

TR. 80
🎧

la couleur [la kulör]	*die Farbe*
vert [wär]	*grün*
noir [nuar]	*schwarz*
gris [gri]	*grau*
bleu [blö]	*blau*
jaune [Jon]	*gelb*
rouge [ruJ]	*rot*
rose [roz]	*rosa*
blanc, blanche [blaN, blaNsch]	*weiß*
violet, violette [wiolä, wiolät]	*lila*
marron [maroN]	*braun*
orange [oraNJ]	*orange*

TR. 81
🎧

la soie [la sua]	*die Seide*
le coton [lö kotoN]	*die Baumwolle*
la laine [la län]	*die Wolle*
le cuir [lö küir]	*das Leder*
le lin [lö läN]	*das Leinen*

TR. 82
🎧

élégant [elegaN]	*elegant*
long, longue [loN, loNg]	*lang*
court [kur]	*kurz*
étroit [etrua]	*eng*
large [larJ]	*weit*
la taille [la taj]	*die Größe*
être à la bonne taille [ätr a la bon taj]	*passen*
la pointure [la puäNtür]	*die Schuhgröße*
faire du [fär dü]	*(die Größe …) tragen*

TR. 83
🎧

plaire [plär]	*gefallen*
aimer [eme]	*lieben, gerne machen*
préférer [prefere]	*bevorzugen*
préféré [prefere]	*Lieblings-*
essayer [eseje]	*(an)probieren, versuchen*

TR. 84
🎧

malheureux, malheureuse [malörö, malöröz]	*unglücklich*
malheureusement [malörözmaN]	*leider*
le fond [lö foN]	*der Boden, der Hintergrund*
au fond de [o foN dö]	*im hinteren Teil, hinten*
la fête [la fät]	*das Fest*
l'anniversaire (m.) [laniwärsär]	*der Geburtstag*
la promotion [la promosjoN]	*das Angebot*

Hören Sie zum Abschluss den ganzen Dialog an.

TR. 85

- Bonjour madame, je peux vous aider ?
- Oui, je cherche une robe élégante pour la fête d'anniversaire de mon mari.
- Quelle est votre taille ?
- Je fais du 40.
- Quelles sont vos couleurs préférées ?
- J'aime le rouge et le bleu.
- Regardez, j'ai ici une robe bleue et deux modèles en rouge.
- La robe bleue est en coton ?
- Non, elle est en soie.
- Elle me plaît beaucoup. Je peux l'essayer ?
- Tenez. Les cabines d'essayage sont au fond du magasin.

(...)

- Alors, elle vous va ?
- Malheureusement, elle est trop petite. Vous l'avez en plus grande ?
- Oui, la voici.

Diese Sätze erleichtern Ihnen den Einkauf in einer Modeboutique.

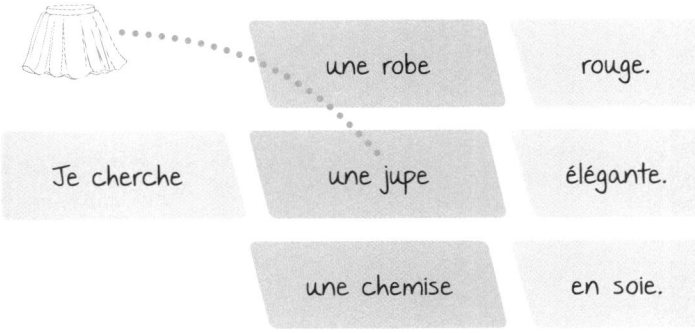

	une robe	rouge.
Je cherche	une jupe	élégante.
	une chemise	en soie.

12 AU GUICHET
AM SCHALTER

Sie sind in Paris und möchten einen Ausflug nach Versailles machen. Sie haben sich für die öffentlichen Verkehrsmittel entschieden und möchten jetzt am Fahrkartenschalter Informationen zur Fahrt erhalten. Dabei könnten Ihnen folgende Wörter weiterhelfen.

le ticket
Ticket

le billet
Fahrkarte

aller
gehen

la ligne
Linie

la station
Haltestelle

l'information
Information

l'heure
Stunde / Uhrzeit

prendre
nehmen

arriver
ankommen

la destination
Ziel

Sie wissen nicht, wo der Zug abfährt und wie lange die Fahrt dauern wird. Sie möchten deshalb am Informationsschalter nachfragen.

| Bonjour, | je voudrais aller | à Versailles | en train. |

[boNJur, Jö wudrä ale a wärsaj aN träN.]
Guten Tag, ich möchte mit dem Zug nach Versailles fahren.

Sie teilen dem Mitarbeiter am Schalter als erstes mit, dass Sie mit dem Zug nach Versailles fahren möchten. Im Französischen benutzt man dazu das Verb **aller** [ale], dessen Grundbedeutung *gehen* ist, aber in der Kombination mit einem Transportmittel zu *fahren* wird. Mithilfe der Grammatikbox können Sie die Formen von **aller** wiederholen.
Nach **aller** steht dann die Präposition **en** in Verbindung mit dem jeweiligen Verkehrsmittel. *Mit dem Zug fahren* lautet folglich
aller en train [ale aN träN].

> **aller** (*gehen*)
> je vais
> tu vas
> il / elle / on va
> nous allons
> vous allez
> ils / elles vont

Weitere Transportmittel finden Sie in folgender Übersicht:

le métro [lö metro]	*die U-Bahn*
le bus [lö büs]	*der Bus*
le tram [lö tram]	*die Straßenbahn*
le taxi [lö taksi]	*das Taxi*
l'avion (m.) [lawjoN]	*das Flugzeug*
la voiture [la wuatür]	*das Auto*
le vélo [lö welo]	*das Fahrrad*

Um auszudrücken, wohin die Fahrt gehen soll, benutzt man bei Städten die Präposition **à** *nach* ohne Artikel: **à Versailles**. Bei anderen Orten wie z.B. **musée**, **église**, **cathédrale** verwendet man die Präposition **à** zusammen mit dem bestimmten Artikel.
Dabei muss man aber beachten, dass **à** und der bestimmte Artikel **le** zu **au** [o] verschmelzen: **Je voudrais aller au musée.** Bei **l'** und **la** bleibt der Artikel in der Verbindung mit **à** erhalten: **Je voudrais aller à l'église. / Je voudrais aller à la cathédrale.**

Jetzt sind Sie dran.

Formulieren Sie folgende Sätze auf Französisch.

1. Sie wollen mit dem Zug nach Lille fahren.

2. Sie möchten mit der U-Bahn zum Kinomuseum fahren.

3. Sie wollen mit dem Bus zum Platz Bellecour fahren.

4. Sie möchten mit dem Taxi zum Hotel fahren.

Lösung
1. Je voudrais aller à Lille en train.
2. Je voudrais aller au musée de cinéma en métro.
3. Je voudrais aller à la place Bellecour en bus.
4. Je voudrais aller à l'hôtel en taxi.

Der Mitarbeiter erklärt Ihnen nun den ersten Teil Ihrer Fahrt:

Alors, | vous prenez | la ligne 4 | en direction de Mairie de Montrouge

et descendez | à la station Saint-Michel-Notre-Dame.

[alor, wu pröne la linj katr aN diräksjoN dö märi dö moN-ruJ e desaNde a la stasjoN säN-mischäl-notr-dam.]
Also, Sie nehmen die Linie 4 in Richtung Mairie de Montrouge und steigen an der Haltestelle Saint-Michel-Notre-Dame aus.

descendre
(*aussteigen*)
je descends
tu descends
il / elle / on descend
nous descendons
vous descendez
ils / elles descendent

Um mit dem Zug nach Versailles zu kommen, müssen Sie zuerst an eine Haltestelle kommen, von der die sogenannten **RER**s abfahren. **RER** [r-ö-r] ist die Abkürzung für **réseau express régional** [rezo äkspräs reJional], was wörtlich *schnelles regionales Netz* bedeutet. Bei der Aussprache der Abkürzung wird jeder Buchstabe einzeln gesprochen. Gemeint ist damit das S-Bahn-Netz in Paris und Umgebung.
Sie müssen deshalb als erstes die U-Bahn bis zur Haltestelle Saint-Michel-Notre-Dame nehmen, da von dort aus der RER nach Versailles abfährt.

Bei der Beschreibung, wie Sie mit den öffentlichen Verkehrsmitteln von einem Punkt zum anderen kommen, sind folgende Wörter besonders wichtig: Die Verben **prendre** [praNdr] für (*ein Transportmittel*) *nehmen* und **descendre** [desaNdr] für *aussteigen*, sowie die Substantive **la ligne** [la linj] für *Linie* und **la station** [la stasjoN] für *Haltestelle*. Ein Synonym für **station** ist **l'arrêt** [larä], von dem das Verb **arrêter** [aräte] *halten*, *anhalten* abgeleitet wird.

Um zu verdeutlichen, in welche Richtung Sie die Linie 4 nehmen sollen, gebraucht der Mitarbeiter die Wendung **en direction de** [aN diräksjoN dö]. Den Hinweis, dass Sie an der Haltestelle Saint-Michel-Notre-Dame aussteigen sollen, hätte man auch mit der Präposition **jusque** [Jüsk] (*bis*), vor Vokal zu **jusqu'** verkürzt, formulieren können:
Vous allez jusqu'à la station Saint-Michel-Notre-Dame.
[wuz_ale Jüska la stasjoN säN-mischäl-notr-dam.]
Sie fahren bis zur Haltestelle Saint-Michel-Notre-Dame.

Jetzt sind Sie dran.

Nehmen Sie sich einen kurzen Moment für eine kleine Ausspracheübung. Es geht dabei um die Endung **-ion**. Hier wird ein **i**-Laut mit dem Nasal [oN] zu [joN] kombiniert. Sprechen Sie folgende Wörter laut vor sich hin, am besten mehrmals.

1. direction [diräks**joN**] *Richtung*   **2.** station [stas**joN**] *Haltestelle*
3. destination [dästinas**joN**] *Ziel*   **4.** information [äNformas**joN**] *Information*
5. avion [aw**joN**] *Flugzeug*   **6.** question [käst**joN**] *Frage*
7. addition [adis**joN**] *Rechnung*   **8.** réservation [resärwas**joN**] *Reservierung*

Und so geht es ab der Haltestelle Saint-Michel-Notre-Dame weiter:

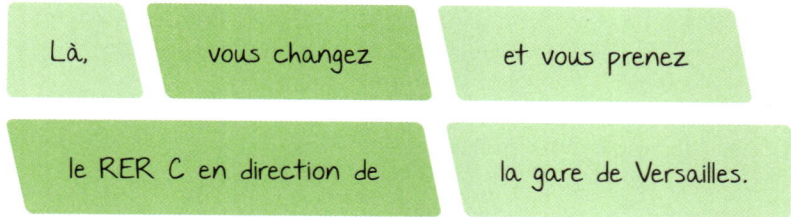

Là,

vous changez

et vous prenez

le RER C en direction de

la gare de Versailles.

[la, wu schaNJe e wu pröne lö r ö r se aN diräksjoN dö la gar dö wärsaj.]
Dort steigen Sie um und nehmen den RER C in Richtung Versailler Bahnhof / gare de Versailles.

Sie erfahren nun, wie die Fahrt ab der Haltestelle Saint-Michel-Notre-Dame weitergeht. Das erste Wort **là** [la] *dort* bezieht sich auf genau diese Haltestelle. Achten Sie dabei darauf, dass sich der bestimmte Artikel für weibliche Substantive **la** und die Ortsangabe **là** nur durch den Akzent auf dem **a** unterscheiden.

Nach der Fahrt mit der Linie 4 müssen Sie umsteigen, was im Französischen mit dem Verb **changer** [schaNJe] ausgedrückt wird. Die Grundbedeutung von **changer** ist *wechseln, ändern*. Oft folgt bei **changer** im Sinne von *umsteigen* die Ergänzung **de** und Transportmittel wie z.B. **changer de train** oder **changer de bus** *den Zug* bzw. *den Bus wechseln*. Alternativ könnten Sie auch die Wendung **prendre la correspondance** [praNdr la koräspoNdaNs] *den Anschluss nehmen* in folgender Formulierung hören: **Là, vous prenez la correspondance pour Versailles.** [la wu pröne la koräspoNdaNs pur wärsaj.] *Dort steigen Sie in den Zug nach Versailles um.*

Sie sollen dann die Expressbahn RER *nehmen* **prendre**, welche in Paris mit fünf Linien (A, B, C, D, E) die Stadt durchquert. Mit dem RER erreichen Sie außerdem Ziele wie die Flughäfen und in unserem Fall das Schloss in Versailles. Dorthin fährt die Linie C, in die Sie in Richtung **gare de Versailles** einsteigen müssen. **Gare de Versailles** [gar dö wärsaj] bedeutet auf Deutsch *Bahnhof von Versailles*.

Nach zwölf Haltestellen kommen Sie an Ihrem Ziel an:

> Après 12 arrêts

> vous arrivez

> à votre destination,

> la gare de Versailles Château.

[aprä duz_arä wuz_ariwe a wotr dästinasjoN, la gare dö wärsaj schato.]
Nach 12 Haltestellen kommen Sie an Ihrem Ziel an, dem Bahnhof von Versailles Château.

Arriver [ariwe] für *ankommen* und **destination** [dästinasjoN] für *Ziel* sind beides auch wichtige Wörter in einem Gespräch über Fahrten mit dem Nahverkehr oder Reisen im Allgemeinen.

Anstelle von **après 12 arrêts** hätte der Mitarbeiter auch **après 12 stations** [aprä duz stasjoN] verwenden können, da **arrêt** und **station** Synonyme sind. Dann sind Sie an Ihrem Zielort angekommen, dem Bahnhof von Versailles, von dort sind es nur noch 10 Minuten zu Fuß zum berühmten *Schloss* **le Château de Versailles**.

Jetzt sind Sie dran.

Finden Sie die korrekte Übersetzung der folgenden Wörter und Wendungen rund um den Nahverkehr.

1. ankommen ___ **A** en direction de
2. umsteigen ___ **B** aller en métro
3. in Richtung ___ **C** destination
4. nach zwei Haltestellen ___ **D** descendre
5. Ziel ___ **E** arriver
6. aussteigen ___ **F** changer
7. mit der U-Bahn fahren ___ **G** après deux arrêts

Lösung
1. E; **2.** F; **3.** A; **4.** G; **5.** C; **6.** D; **7.** B

So, jetzt wissen Sie, wie Sie per Métro und RER zum Schloss von Versailles kommen. Jetzt interessiert Sie aber noch die Dauer der Fahrt:

[lö wuajaJ dür koNbjäN dö taN?- lö traJä dür ün ör aNwiroN.]
Wie lange dauert die Fahrt? – Die Fahrt dauert ungefähr eine Stunde.

Um nach einer Menge zu fragen, verwendet man, wie z.B. beim Einkauf, das Fragewort **combien** [koNbjäN] *wie viel*. In der Kombination mit dem Wort *Zeit* **le temps** [lö taN] entsteht daraus die Fragewendung *wie lange*: **combien de temps** [koNbjäN dö taN], wörtlich *wie viel an Zeit*.

Das Verb **durer** [düre] für *dauern* können Sie sich durch die Ähnlichkeit mit dem Deutschen sicherlich gut merken.

Was das Wort *Fahrt* betrifft, so können Sie entweder den Ausdruck **le voyage** [lö wuajaJ] oder **le trajet** [lö traJä] verwenden. Ersteres ist allgemeiner und bedeutet vor allem *Reise*. Das Wort **le trajet** ist konkreter und bezeichnet den *Weg* bzw. die *Strecke*. Sie könnten den Mitarbeiter also auch fragen: **Le trajet dure combien de temps ?** [lö traJä dür koNbjäN dö taN?] *Wie lange dauert die Fahrt?*

Der Mitarbeiter antwortet, dass die Fahrt ungefähr eine Stunde dauert. Ein Synonym für **environ** [aNwiroN] *ungefähr* ist **à peu près** [a pö prä], sprich: **Le trajet dure à peu près une heure.** [lö wuajaJ dür a pö prä ün ör.]

Das Adverb kann dabei vor oder nach der Zeitangabe stehen: **une heure environ** bzw. **environ une heure**.

Jetzt sind Sie dran.

Ergänzen Sie folgende Fragen mit dem jeweils richtigen Fragewort.

combien de   où   qu'est-ce que   quelle   combien

1. À   heure arrive le train ?

2.   est l'arrêt de métro ?

3. Le trajet dure   temps ?

4. Le RER,   c'est ?

5.   coûte un billet de bus ?

Lösung
1. quelle; **2.** Où; **3.** combien de;
4. qu'est-ce que; **5.** Combien

Sie bedanken sich für diese Auskunft. Jetzt wollen Sie nach Informationen zur Strecke und zur Dauer wissen, welche Fahrkarte Sie brauchen:

Merci.   J'ai   le ticket   Paris Visite.

Je peux aller   jusqu'à Versailles   avec ce ticket ?

[märsi. Jä lö tikä pari wizit. Jö pö ale Jüska wärsaj awäk sö tikä?]
Danke. Ich habe das Ticket Paris Visite. Kann ich mit diesem Ticket bis nach Versailles fahren?

pouvoir (*können*)
je peux
tu peux
il / elle / on peut
nous pouvons
vous pouvez
ils / elles peuvent

Wie in Lektion 7 bereits thematisiert, gibt es im Französischen für das Wort *Fahrkarte* die Begriffe **le ticket** [lö tikä] et **le billet** [lö bijä].

Sie sind bereits im Besitz einer Fahrkarte, nämlich dem so genannten Ticket **Paris Visite** [pari wizit] (wörtlich *Paris Besuch*). Mit diesem Ticket kann man in Paris je nach Wahl für ein bis fünf Tage mit Metro, Bus, Straßenbahn und RER fahren. Man kann dabei noch zwischen verschiedenen Zonen-Pässen wählen.

Wenn man nicht weiß, für welchen Bereich die Fahrkarte gültig ist, kann man so nachfragen: Man kombiniert das Modalverb **pouvoir** mit dem Infinitiv **aller** [ale] *gehen*. Mit der Präposition **jusque**, vor der Präposition **à** zu **jusqu'** verkürzt, gibt man an, bis zu welchem Ort man fahren möchte. Anschließend wird der Ort genannt und der Hinweis *mit diesem Ticket*, sprich **avec ce ticket** [awäk sö tikä] angehängt.

Nehmen wir an, Sie wollen zum Flughafen Paris-Orly, dem kleineren der Pariser Flughäfen. Das Wort für *Flughafen* lautet **l'aéroport** [laeropor]. Dann können Sie wie folgt fragen:

Je peux aller jusqu'à l'aéroport Paris-Orly avec ce ticket ?
[Jö pö ale Jüska laeropor pari-orli awäk sö tikä?]
Kann ich mit diesem Ticket bis zum Flughafen Paris-Orly fahren?

Jetzt sind Sie dran.

Holen Sie sich nun selbst Auskünfte zum Thema Fahrkarte ein. Bringen Sie folgende Sätze in die richtige Reihenfolge.

1. coûte un métro ticket combien de *Wie viel kostet ein U-Bahn-Ticket?*

2. Paris Visite billet coûte le combien *Wie viel kostet das Ticket Paris Visite?*

3. peux avec je à ticket ce aller Fontainebleau jusqu' *Kann ich mit diesem Ticket bis nach Fontainebleau fahren?*

4. aller on l'aéroport jusqu' ticket peut à ce avec *Können wir mit diesem Ticket bis zum Flughafen fahren?*

Lösung
1. Combien coûte un ticket de métro ?
2. Combien coûte le billet Paris Visite ?
3. Je peux aller jusqu'à Fontainebleau avec ce ticket ?
4. On peut aller jusqu'à l'aéroport avec ce ticket ?

Der Mitarbeiter bejaht Ihre Frage, die Hin- und Rückfahrt ist in diesem Ticket inbegriffen:

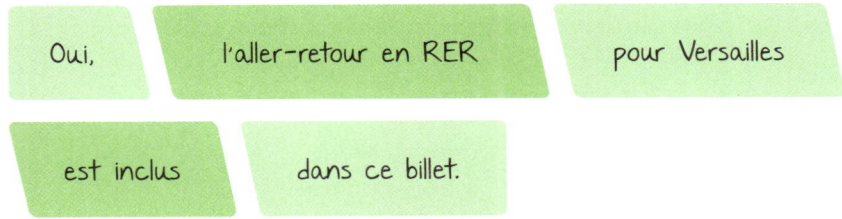

Oui, l'aller-retour en RER pour Versailles

est inclus dans ce billet.

[üi, lale-rötur aN r ö r pur wärsaj ät_äNklü daN sö bijä.]
Ja, die Hin- und Rückfahrt mit dem RER nach Versailles ist in diesem Ticket inbegriffen.

Bei der Wendung **aller-retour** [ale-rötur] kennen Sie schon den ersten Bestandteil
aller. Hier wird es jedoch nicht als das Verb *gehen*, sondern als Substantiv in seiner
Bedeutung *Hinfahrt* gebraucht. Das Wort **retour** könnte Ihnen von Retoure bekannt
vorkommen. Das passende Verb dazu lautet **retourner** [röturne] im Sinne von *zurück-
kehren, nach Hause fahren*.

Hier finden Sie auch wieder die Präposition **en** in Kombination mit einem Trans-
portmittel **en RER** wie oben **en train**. Um das Fahrtziel anzugeben, wird eine weitere
Präposition, nämlich **pour**, verwendet. Hier wird es also nicht für das deutsche Wort
für gebraucht, sondern für die Richtungsangabe *nach*.
Die Angabe **inclus** könnten Sie mit dem deutschen Wort *inklusive* in Verbindung brin-
gen, wenn etwas also im Preis inbegriffen bzw. eingerechnet ist.

Verkürzt hätte der Mitarbeiter auch sagen können: **Le trajet est inclus dans ce ticket.**
[lö traJä ät_äNklü daN sö tikä.] *Die Strecke ist in diesem Ticket inbegriffen.* Falls Sie aber
doch ein Ticket kaufen müssen, können Sie mit **Où est-ce que je peux acheter un
ticket?** [u äskö Jö pö aschte äN tikä?] fragen, wo Sie ein Ticket kaufen können.

Jetzt sind Sie dran.

Verbinden Sie folgende Satzanfänge mit dem jeweils passenden Satzende.

1. Je voudrais	____ **A**	avec ce ticket ?
2. Vous prenez la ligne 8	____ **B**	dure combien de temps ?
3. Vous descendez	____ **C**	15 minutes.
4. Là, vous changez et vous prenez	____ **D**	aller au Louvre en métro.
5. Le trajet	____ **E**	inclus dans ce ticket.
6. Le voyage dure	____ **F**	à la station Concorde.
7. Je peux aller jusqu'au Louvre	____ **G**	la ligne 1 pour 2 arrêts.
8. Oui, le trajet est	____ **H**	en direction de Créteil.

Lösung
1. D; **2.** H; **3.** F; **4.** G; **5.** B; **6.** C; **7.** A; **8.** E

Nun möchten Sie abschließend wissen, wann denn der nächste RER von der Haltestelle Saint-Michel-Notre-Dame abfährt.

> À quelle heure   part le prochain RER   de Saint-Michel-Notre-Dame ?

[a käl ör par lö proschäN r ö r dö säN-mischäl-notr-dam?]
Um wie viel Uhr fährt der nächste RER von Saint-Michel-Notre-Dame ab?

Um nach der Uhrzeit zu fragen, verwenden Sie, wie bereits in Lektion 4 gelernt, die Wendung **à quelle heure** [a käl ör] *um wie viel Uhr*. Das französische Verb für losfahren bzw. abfahren ist **partir** [partir], hier in der dritten Person Singular **part**. Die anderen Formen von **partir** können Sie der Grammatikbox entnehmen. Mit dem Wort **prochain** [proschäN] machen Sie deutlich, dass Sie sich nach dem *nächsten* RER der abfährt, erkundigen wollen. Die Präposition **de** bedeutet hier *von* und weist auf den Abfahrtsort hin.

> **partir** (*weggehen*, *abfahren*)
> je pars
> tu pars
> il / elle part
> nous partons
> vous partez
> ils / elles partent

Jetzt sind Sie dran.

Lesen Sie folgende Auskünfte auf der Internetseite des Flughafens Paris-Charles-de-Gaulle (CDG) und beantworten Sie dann die Fragen auf Deutsch.

Pour aller du centre parisien à l'aéroport Paris-Charles-de Gaulle, vous allez à la station de métro Concorde. Là, vous prenez la ligne 1 en direction de Château de Vincennes. Après quatre arrêts, vous descendez à la station Châtelet. Là, vous prenez le RER B en direction de l'Aéroport CDG jusqu'à l'arrêt Aéroport Charles-de-Gaulle 2-TGV. Le trajet dure cinquante minutes environ. Il est inclus dans le ticket Paris Visite.

1. Mit welchem Transportmittel fahren Sie zuerst?

2. Nach wie vielen Haltestellen steigen Sie um?

3. In welche Richtung fährt der RER B?

4. Wie lange dauert die Fahrt ungefähr?

5. Ist die Fahrt im Ticket Paris Visite inbegriffen?

Lösung
1. mit der U-Bahn; **2.** nach 4 Haltestellen;
3. in Richtung Flughafen CDG;
4. ungefähr 50 Minuten; **5.** Ja.

Sie erfahren nun, wann der RER abfährt:

Il part   à 10h30,   dans 20 minutes donc.

– Merci pour les informations.

[il par a diz_ör e dömi, daN wäN minüt doNk. – märsi pur lez_äNformasjoN.]
Er fährt um 10 Uhr 30 ab, in 20 Minuten also. – Vielen Dank für die Informationen.

Der nächste RER fährt um halb elf ab, *also* **donc** [doNk] in zwanzig Minuten.

Im Folgenden erfahren Sie, wie Sie im Französischen die Uhrzeit angeben. Schauen Sie sich zu einem besseren Verständnis auch die Übersichtsbox an.

Als erstes benennen Sie die Stunde, in diesem Fall *10 Uhr*: **dix heures** [diz_ör]. Denken Sie bei der Uhrzeit an die Liaison, da der Endkonsonant der Zahlen vor dem stummen **h** von **heures** gesprochen wird.

> **L'heure** *Die Uhrzeit*
> 9.00 neuf heures
> 9.05 neuf heures cinq
> 9.15 neuf heures et quart
> 9.30 neuf heures et demie
> 9.40 dix heures moins vingt
> 9.45 dix heures moins le quart
> 12.00 midi
> 00.00 minuit

Im formellen Französisch verwendet man die Zahlen 0-24 zur Angabe der Stunde. Im gesprochenen Französisch die Zahlen 0-12 und ergänzt dann, wenn notwendig, **du matin** [dü matäN] *morgens* oder **du soir** [dü suar] *abends*. 20 Uhr wäre dementsprechend **huit heures (du soir)** [üit ör (dü suar)] *acht Uhr (abends)*.

Im nächsten Schritt ergänzen Sie die Minuten. Bei der halben Stunde kann man im formellen Französisch **dix heures trente** [diz_ör traNt] sagen und einfach die Minuten mit der Zahl 30 angeben. Im gesprochenen Französisch hört man jedoch meistens **dix heures et demie** [diz_ör e dömi], wobei **demie** *halb* bzw. *Hälfte* bedeutet.

Für Uhrzeiten bis zur halben Stunde gibt man die Stunde plus die Minuten an. So zum Beispiel 10 Uhr 20: **dix heures vingt** [diz_ör wäN]. Ausnahme ist im gesprochenen Französisch dabei die Viertelstunde. Man sagt nämlich: **dix heures et quart** [diz_ör e kar], wörtlich *zehn und ein Viertel* für 10 Uhr 15.

Nach der halben Stunde, also ab 10 Uhr 31, gilt die Regel: folgende Stunde minus die Minuten. Daher ist 10 Uhr 40: **onze heure moins vingt** [oNz_ör muäN wäN], also *elf Uhr minus zwanzig*. **Moins** [muäN] bedeutet *minus* bzw. *weniger*.
Ausnahme von dieser Regel ist wiederum die Viertelstunde, nämlich 10 Uhr 45: **onze heure moins le quart** [oNz_ör muäN lö kar], wörtlich *elf Uhr minus dem Viertel*.
Des Weiteren ist zu beachten, dass man für 12 Uhr **midi** [midi] *Mittag* und für 00 Uhr **minuit** [minüi] *Mitternacht* sagt. 12 Uhr 15 ist daher: **midi et quart** [midi e kar].

Bei 13 Uhr wird **heure** im Singular verwendet: 13 Uhr 12 ist daher **une heure douze** [ün ör duz].

Um nach der Uhrzeit zu fragen, fragt man auf Französisch: **Il est quelle heure?** [il ä käl ör?] oder **Quelle heure est-il?** [käl ör ät_il?].

Die Antwort beginnt dann mit **il est** [il ä], z.B. **Il est sept heures dix.** [il ä sät_ör diz.] *Es ist 7 Uhr 10.*

Abschließend bedanken Sie sich für die erhaltenen *Informationen* **les informations** [lez_äNformasjoN].

Jetzt sind Sie dran.

Geben Sie folgende Uhrzeiten auf Französisch an.

1. 10.08 Uhr

2. 6.15 Uhr

3. 19.30 Uhr

4. 00 Uhr

5. 22.55 Uhr

6. 16.45 Uhr

Lösung
1. Il est dix heures huit.
2. Il est six heures et quart.
3. Il est sept heures et demie.
4. Il est minuit.
5. Il est onze heures moins cinq.
6. Il est cinq heures moins le quart.

Jetzt sind Sie dran.

Im Folgenden finden Sie alle Wörter, die Sie in dieser Lektion gelernt haben. Nach 12 Lektionen hat sich eine große Menge an Vokabeln angesammelt. Damit Ihnen die Wörter im Gedächtnis bleiben, ist es wichtig, sie regelmäßig zu wiederholen. Aber wie bereits gesagt, nicht zu viele Vokabeln auf einmal!

TR. 86

l'information (w.) [läNformasjoN]	*die Information*
le ticket [lö tikä]	*das Ticket, die Fahrkarte*
le billet [lö bijä]	*die Fahrkarte*
le métro [lö metro]	*die U-Bahn*
le bus [lö büs]	*der Bus*
le tram [lö tram]	*die Straßenbahn*
le taxi [lö taksi]	*das Taxi*
l'avion (m.) [lawjoN]	*das Flugzeug*
la voiture [la wuatür]	*das Auto*

le vélo [lö welo]	*das Fahrrad*
le train [lö träN]	*der Zug*
en train [aN träN]	*mit dem Zug*
le RER (réseau express régional)	*das S-Bahn- Netz in Paris und Umgebung*
[lö r ö r (rezo äkspräs reJional)]	*bzw. Name der Pariser S-Bahn*

TR. 87

la direction [la diräksjoN]	*die Richtung*
en direction de [aN diräksjoN dö]	*in Richtung*
partir [partir]	*abfahren, losgehen*
arriver [ariwe]	*ankommen*
descendre [desaNdr]	*aussteigen*
changer [schaNJe]	*umsteigen*
la correspondance [la koräspoNdaNs]	*der Anschluss*
la ligne [la linj]	*die Linie*
prochain [proschäN]	*nächste (r,s)*

TR. 88

l'arrêt (m.) [larä]	*die Haltestelle*
arrêter [aräte]	*anhalten*
la station [la stasjoN]	*die Haltestelle*
la gare [la gar]	*der Bahnhof*
l'aéroport (m.) [laeropor]	*der Flughafen*
la destination [la dästinasjoN]	*das (Reise-)Ziel*
le voyage [lö wuajaJ]	*die Reise, die Fahrt*
le trajet [lö traJä]	*der Weg, die Strecke*
durer [düre]	*dauern*
l'aller (m.) [lale]	*die Hinfahrt*
le retour [lö rötur]	*die Rückfahrt*
retourner [röturne]	*zurückkehren, zurückfahren*
l'aller-retour (m.) [lale-rötur]	*die Hin- und Rückfahrt*
inclus [äNklü]	*inbegriffen*

TR. 89

chez [sche]	*zu*
jusque [Jüsk]	*bis*
là [la]	*dort*
environ [aNwiroN]	*ungefähr*
à peu près [a pö prä]	*ungefähr*
donc [doNk]	*also*

TR. 90

le temps [lö taN]	*die Zeit*
l'heure (w.) [lör]	*die Stunde, die Uhrzeit*
le matin [lö matäN]	*der Morgen*
le soir [lö suar]	*der Abend*
demie [dömi]	*Hälfte, halb*
le quart [lö kar]	*das Viertel*
moins [muäN]	*weniger, minus*
le midi [lö midi]	*der Mittag*
le minuit [lö minüi]	*die Mitternacht*

Jetzt sind Sie in der Lage, auf Französisch Auskünfte zum öffentlichen Nahverkehr einzuholen. Hören Sie sich abschließend den gesamten Dialog am Schalter an.

TR. 91

- Bonjour. Je voudrais aller à Versailles en train.
- Alors, vous prenez la ligne 4 en direction de Mairie de Mont-rouge et descendez à la station Saint-Michel-Notre-Dame. Là, vous changez et vous prenez le RER C en direction de la gare de Versailles. Après 12 arrêts vous arrivez à votre destination, la gare de Versailles Château.
- Le voyage dure combien de temps ?
- Le trajet dure une heure environ.
- Merci. J'ai le ticket Paris Visite. Je peux aller jusqu'à Versailles avec ce ticket ?
- Oui, l'aller-retour en RER pour Versailles est inclus dans ce billet.
- À quelle heure part le prochain RER de Saint-Michel-Notre-Dame ?
- Il part à 10h30, dans 20 minutes donc.
- Merci pour les informations.

Zum Abschluss dieser Lektion finden Sie im Folgenden Bausteine, um auf einfache Weise die Situation am Schalter auf Französisch zu meistern.

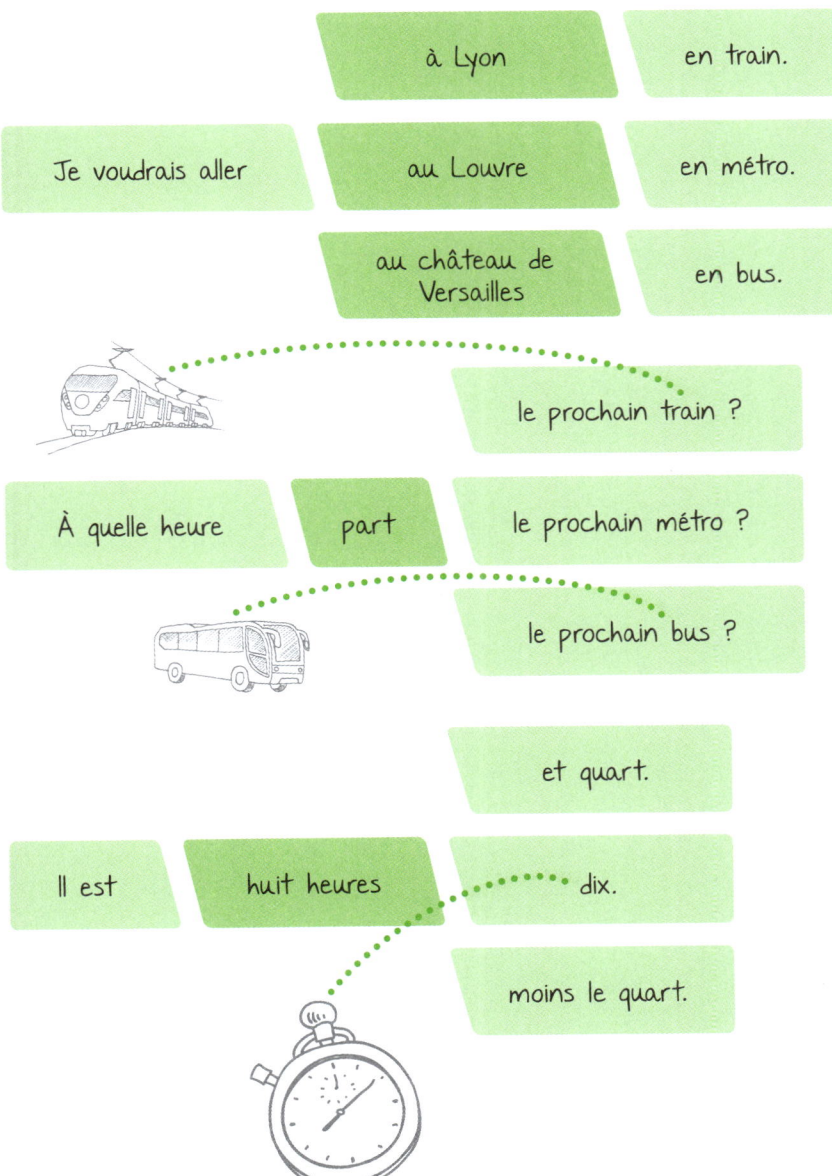

à Lyon

en train.

Je voudrais aller

au Louvre

en métro.

au château de Versailles

en bus.

le prochain train ?

À quelle heure

part

le prochain métro ?

le prochain bus ?

et quart.

Il est

huit heures

dix.

moins le quart.

ANHANG

UMSCHRIFT

Das Französische hat teilweise Unterschiede zwischen dem, wie ein Wort geschrieben wird und dem, wie es ausgesprochen wird. Um Ihnen beim Erlernen der Aussprache zu helfen, wurde hier jedes Wort mit einer Umschrift versehen, die sich an der deutschen Sprache orientiert. Wenn Sie also die Angaben in den eckigen Klammern so lesen, wie man sie im Deutschen lesen würde, entspricht das ungefähr der französischen Aussprache des Wortes. Hier finden Sie nochmals einen Überblick über die verschiedenen Umschreibungen, die wir für die französischen Laute in diesem Buch gewählt haben.

französischer Laut	französisches Beispiel	Umschrift	Aussprachehinweis
1. Vokale			
[a]	**ma**rché *Markt*	[marsche]	deutsches a wie in Banane
[ä]	**après** *nach* **s'il vous plaît** *bitte*	[aprä] [sił wu plä]	offenes e wie in Ärger
[e]	**été** *Sommer*	[ete]	geschlossenes e wie in berühmt
[i]	**ti**cket *Fahrkarte*	[tikä]	deutsches i wie in Tisch
[o]	**po**mme *Apfel* **chaud** *heiß* **beau**coup *viel*	[pom] [scho] [boku]	deutsches o wie in Hose
[ö]	**deux** *zwei*	[dö]	deutsches ö wie in schön
[u]	**nous** *wir*	[nu]	geschlossenes u wie in gut
[ü]	**salut** *hallo*	[salü]	geschlossenes ü wie in grün

2. Konsonanten

| [k] | **c**arotte *Karotte* | [karot] | deutsches k wie in **K**arotte |
| | **qu**atre *vier* | [katr] | |

| [j] | pa**y**er *zahlen* | [peje] | deutsches j wie in **j**a |
| | b**i**en *gut* | [bjäN] | |

| [J] | **j**our *Tag* | [Jur] | stimmhaftes sch wie in |
| | **j**e *ich* | [Jö] | **J**ournalist |

| [sch] | **ch**ocolat *Schokolade* | [schokola] | stimmloses sch wie in **sch**ön |

[s]	mer**c**i *danke*	[märsi]	stimmloses s wie in Gla**s**
	au**ss**i *auch*	[osi]	
	sur *auf*	[sür]	

| [z] | dou**z**e *zwölf* | [duz] | stimmhaftes s wie in Ro**s**e |
| | mu**s**ée *Museum* | [müze] | |

| [w] | **v**ert *grün* | [wär] | deutsches w wie in **W**and |

| [ks] | ta**x**i *Taxi* | [taksi] | |

| [nj] | Allema**gn**e *Deutschland* | [almanj] | wie in Lasa**gn**e |

3. Halbkonsonanten

| [ij] | b**ill**et *Fahrkarte* | [bijä] | kurz gesprochenes i plus j |

| [ua] | d**ro**it *rechts, gerade* | [drua] | wie in Englisch **w**ater |

| [üi] | je s**ui**s *ich bin* | [jö süi] | kurz gesprochenes ü plus i |

4. Nasale

[aN]	**fran**ç**ais** *französisch*	[fraNsä]	Diese Laute haben im Deut-
[oN]	**bonjour** *Guten Tag*	[boNJur]	schen keine Entsprechung.
[äN]	**bien** *gut*	[bjäN]	Sie werden durch die Nase
	un *ein, eins*	[äN]	gesprochen. Sie wurden in der
	quinze *fünfzehn*	[käNz]	Umschrift durch ein großge-
			schriebenes N gekennzeich-
			net, dieses N wird aber nicht
			ausgesprochen.

5. Liaison

[äN_n]	**un abricot**	[äNn_abriko]	Aussprache eines sonst stum-
	eine Aprikose		men Konsonanten vor einem
[z_]	**À vous aussi !**	[a wuz_osi]	Wort, das mit Vokal (a, e, i, o,
	Ihnen auch!		u) oder stummem h beginnt.
	vingt-et-un	[wäNt_e aN]	Die Liaison wurde hier durch
	einundzwanzig		Schreibung des sonst stum-
			men Lautes und durch den
			Verbindungsstrich zum näch-
			sten Wort gekennzeichnet, um
			die Bindung zu zeigen.

Folgende Konsonanten wurden nicht aufgenommen, da sie gleich sind wie im Deut-schen: b, d, f, g, l, m, n, p, r, t.

NOTFALLWORTSCHATZ

Wenn's schnell gehen soll

Damit Sie nicht ständig hin- und herblättern müssen, haben wir für Sie zu guter Letzt noch einen kleinen Notfallwortschatz erstellt, der thematisch sortiert ist. Aber sicherlich sind Sie mittlerweile so fit geworden, dass Sie nur noch selten spicken müssen!

Die wichtigsten Wörter

oui [ui]	*ja*
non [noN]	*nein*
un, une [äN, ün]	*eins*
deux [dö]	*zwei*
trois [trua]	*drei*
quatre [katr]	*vier*
cinq [säNk]	*fünf*
six [sis]	*sechs*
sept [sät]	*sieben*
huit [üit]	*acht*
neuf [nöf]	*neun*
dix [dis]	*zehn*
onze [oNz]	*elf*
douze [duz]	*zwölf*
treize [träz]	*dreizehn*
quatorze [katorz]	*vierzehn*
quinze [käNz]	*fünfzehn*
seize [säz]	*sechzehn*
dix-sept [dissät]	*siebzehn*
dix-huit [disuit]	*achtzehn*
dix-neuf [disnöf]	*neunzehn*
vingt [väN]	*zwanzig*
allemand [almaN]	*deutsch*
l'Allemagne [lalmanj]	*Deutschland*
français [fraNsä]	*französisch*
la France [la fraNs]	*Frankreich*

Begrüßung und Verabschiedung

bonjour (madame/ monsieur) [boNJur (madam/mösjö)] — *guten Tag*

bonsoir [boNsuar] — *guten Abend*

salut [salü] — *Hallo / Tschüs*

au revoir [o rövuar] — *auf Wiedersehen*

Bonne journée ! [bon Jurne] — *Schönen Tag!*

Bonne soirée ! [bon suare] — *Schönen Abend!*

à vous aussi/ à toi aussi [a vuz_osi/ a tua osi] — *Ihnen auch/ dir auch*

Ça va ? [sa va] — *Wie geht es dir/ Ihnen?*

Ça va bien. Et vous ? [sa va bjäN e vu] — *Mir geht es gut. Und Ihnen?*

Je m'appelle... [Jö mapäl] — *Ich heiße...*

Je suis... [Jö süi] — *Ich bin...*

Je suis de Berlin / d'Allemagne. [Jö süi dö bärläN/dalmanj] — *Ich komme aus Berlin/ aus Deutschland.*

enchanté(e) [aNschaNte] — *Nett, Sie kennenzulernen.*

Wichtige Fragen

Qu'est-ce que (c'est) ? [käs kö (sä)] — *Was (ist das)?*

Quand est... ? [kaN ä] — *Wann ist...?*

Où est... ? [u ä] — *Wo ist...?*

Quel/Quelle est...? [käl /käl ä] — *Welche, welcher, welches ist...?*

Combien...? [koNbjäN] — *Wie viele ...?*

D'où...? [du] — *Woher...?*

À quelle heure...? [a käl ör] — *Um wie viel Uhr...?*

À quelle heure part le prochain train ? [a käl ör par lö proschäN träN] — *Wann fährt der nächste Zug ab?*

Höflichkeit

Pardon! [pardoN]	*Entschuldigung!*
Excusez-moi! [äksküze mua]	*Entschuldigen Sie!*
Désolé (e)! [desole]	*Tut mir leid!*
Oui, bien sûr. [ui, bjäN sür]	*Ja, natürlich*
merci [märsi]	*danke*
Merci beaucoup! [märsi boku]	*Vielen Dank!*
s'il vous plaît [sil vu plä]	*bitte* (Siezen)
s'il te plaît [sil tö plä]	*bitte* (Duzen)
je vous en prie [Jö vuz_aN pri]	*gern geschehen, bitte sehr* (Siezen)
je t'en prie [Jö taN pri]	*gern geschehen, bitte sehr* (Duzen)
de rien [dö rjäN]	*bitte sehr, keine Ursache*
d'accord [dakor]	*einverstanden, in Ordnung*
voilà [vuala]	*hier bitte*

Schwierigkeiten

Je ne comprends pas. [Jö nö koNpraN pa]	*Ich verstehe nicht.*
Je ne sais pas. [Jö nö sä pa]	*Ich weiß es nicht.*
Vous parlez allemand? [vu parle almaN]	*Sprechen Sie Deutsch?*
Vous pouvez répéter, s'il vous plaît? [vu puve repete sil vu plä]	*Können Sie bitte wiederholen?*
Vous pouvez m'aider, s'il vous plaît? [vu puve mäde sil vu plä]	*Können sie mir bitte helfen?*
J'ai besoin d'une information. [Jä bözuaN dün äNformasjoN]	*Ich brauche eine Information.*
J'ai besoin d'un plan de la ville. [Jä bözuäN däN plaN dö la vil]	*Ich brauche einen Stadtplan.*

Wichtige Unterlagen

le passeport [lö paspor]	*der Reisepass*
la carte d'identité [la kart didaNtite]	*der Personalausweis*
la pièce d'identité [la pjäs didaNtite]	*die Ausweispapiere*
le billet d'avion [lö bijä davjoN]	*das Flugticket*
le ticket [lö tikä]	*das Ticket, die Fahrkarte*

Die wichtigsten Orte

l'aéroport (m.) [laeropor]	*der Flughafen*
le pont [lö poN]	*die Brücke*
l'arrêt (m.) **de bus** [larä dö büs]	*die Bushaltestelle*
la station de métro [la stajoN dö metro]	*die U-Bahnstation*
la gare [la gar]	*der Bahnhof*
la poste [la post]	*die Post*
l'église (w.) [legliz]	*die Kirche*
le cinéma [lö sinema]	*das Kino*
le parc [lö park]	*der Park*
la zone piétonne [la zon pjeton]	*die Fußgängerzone*
le supermarché [lö süpärmarsche]	*der Supermarkt*
le centre-ville [lö saNtre vil]	*das Stadtzentrum*
le théâtre [lö teatr]	*das Theater*
l'office (m.) **de tourisme** [lofis dö turism]	*die Touristeninformation*
la pharmacie [la farmasi]	*die Apotheke*
la banque [la baNk]	*die Bank*
le bureau de tabac [lö büro dö taba]	*das Tabakwarengeschäft*
le château [lö schato]	*das Schloss*

Wegbeschreibung

Pardon, je cherche... [pardoN Jö schärsch]	*Entschuldigung, ich suche...*
Excusez-moi, où est...? [äksküze mua u ä]	*Entschuldigen Sie, wo ist...?*
Allez... [ale]	*Gehen Sie...*
Tournez... [turne]	*Biegen Sie...ab*
à droite [a druat]	*rechts*
à gauche [a gosch]	*links*
tout droit [tu drua]	*geradeaus*
la rue [la rü]	*die Straße*
la place [la plas]	*der Platz*
la place du marché [la plas dü marsche]	*der Marktplatz*
le carrefour [lö karfur]	*die Kreuzung*
le feu [lö fö]	*die Ampel*

Im Hotel

l'hôtel (m.) [lotäl]	*das Hotel*
la réservation [la rezärvasjoN]	*die Reservierung*
J'ai une réservation pour... [Jä ün rezärvas-joN pur]	*Ich habe eine Reservierung für...*
la chambre (simple/ double) [la schaNbr säNpl/ dubl]	*das Einzel-/Doppelzimmer*
la nuit [la nüi]	*die Nacht*
la semaine [la sömän]	*die Woche*
la salle de bains [la sal dö bäN]	*das Badezimmer*
le petit-déjeuner [lö pöti deJöne]	*das Frühstück*
le déjeuner [lö deJöne]	*das Mittagessen*
le dîner [lö dine]	*das Abendessen*
la réception [la resäpsjoN]	*die Rezeption*
avec balcon [aväk balkoN]	*mit Balkon*
avec vue sur la mer [aväk vü sür la mär]	*mit Meerblick*
la clé [la kle]	*der Schlüssel*

Im Restaurant

Une table pour deux personnes, s'il vous plaît. [ün tabl pur dö pärson sil vu plä]	Ein Tisch für zwei Personen, bitte.
le menu [lö mönü]	das Menü, die Speisekarte
la carte [la kart]	die Speisekarte
le plat [lö pla]	das Gericht
l'entrée (w.) [laNtre]	die Vorspeise
le plat principal [lö pla präNsipal]	der Hauptgang
le plat du jour [lö pla dü Jur]	das Tagesgericht
le dessert [lö däsär]	der Nachtisch
chaud, chaude [scho, schode]	warm
froid, froide [frua, fruad]	kalt
bien cuit [bjäN küi]	durchgebraten
à point [a puäN]	medium
saignant [sänjaN]	englisch
bleu [blö]	blutig
Je peux avoir du sel, s'il vous plaît ? [Jö pö avuar dü säl sil vu plä?]	Kann ich bitte Salz haben?
Je voudrais/ Je prends..., s'il vous plaît. [Jö vudrä/ Jö praN... sil vu plä]	Ich möchte/ ich nehme..., bitte.
L'addition, s'il vous plaît. [ladisjoN sil vu plä]	Die Rechnung, bitte.
Je peux payer par carte bancaire? [Jö pö peje par kart baNkär]	Kann ich mit EC-Karte bezahlen?

Essen

la soupe [la sup]	*die Suppe*
la viande [la vjaNd]	*das Fleisch*
la volaille [la volaj]	*das Geflügel*
le poisson [lö puasoN]	*der Fisch*
le sandwich [lö saNdwitsch]	*das Sandwich*
l'omelette (w.) [lomlät]	*das Omelett*
la crêpe [la kräp]	*der Crêpe*
la moule [la mul]	*die Miesmuschel*
le riz [lö ri]	*der Reis*
les frites [le frit]	*die Pommes frites*
les légumes [le legüm]	*das Gemüse*
le fromage [lö fromaJ]	*der Käse*
le beurre [lö bör]	*die Butter*
le jambon [lö JaNboN]	*der Schinken*

Getränke

la boisson [la buasoN]	*das Getränk*
l'eau (w.) [lo]	*das Wasser*
l'eau minérale plate /gazeuse (w.) [lo mineral plat / gazös]	*das Mineralwasser (still /Sprudel)*
le vin rouge/blanc [lö wäN ruJ/blaN]	*der Rot-/Weißwein*
la bière [la bjär]	*das Bier*
le jus de fruit/ d'orange / de pomme [lö Jü dö früi / doraNJ / dö pom]	*der Fruchtsaft*
la bouteille [la butäj]	*die Flasche*
le verre [lö vär]	*das Glas*
Une bouteille/ un verre de vin rouge, s'il vous plaît. [ün butäj / äN vär dö väN ruJ sil vu plä]	*Eine Flasche / ein Glas Rotwein, bitte.*
le café [lö kafe]	*der Kaffee*
le thé [lö te]	*der Tee*
le lait [lö lä]	*die Milch*

Beim Einkaufen

Vous avez...? [vuz_ave] Haben Sie...?
Combien...? [koNbjäN] Wie viele ...?
Combien coûte... [koNbjäN kut] Wie viel kostet...?
Ça fait/ Ça côute combien? [sa fä/ kut Wie viel macht/ kostet das?
koNbjäN]
Je voudrais... [Jö vudrä] Ich hätte gerne...
Je prends... [Jö praN] Ich nehme...
Un kilo de pommes, s'il vous plaît. [äN Ein Kilo Äpfel, bitte.
kilo dö pom sil vu plä]
Tenez? [töne] Hier! Bitte sehr!
C'est tout. [sä tu] Das ist alles.
Ça fait... [sa fä] Das macht...
la monnaie [la monnä] das Rückgeld, das Wechselgeld

Obst

la pomme [la pom] der Apfel
la banane [la banan] die Banane
l'orange (w.) [loraNJ] die Orange
la pêche [la päsch] der Pfirsich
la poire [la puar] die Birne
la fraise [la fräz] die Erdbeere
la framboise [la fraNbuaz] die Himbeere
le citron [lö sitroN] die Zitrone

Gemüse

la carotte [la karot] die Karotte
la pomme de terre [la pom dö tär] die Kartoffel
la salade [la salad] der Salat
la tomate [la tomat] die Tomate
le poivron [lö puawroN] die Paprika
le concombre [lö koNkoNbre] die Gurke

Backwaren

la baguette [la bagät]	*das Baguette*
le croissant [lö kruasaN]	*das Croissant*
le pain [lö päN]	*das Brot*
le pain au chocolat [lö päN o schokola]	*das Schoko-Croissant*
la brioche [la briosch]	*das Hefegebäck*
la tarte [la tart]	*der Kuchen*
le gâteau [lö gato]	*die Torte*

Kleidung und Farben

la robe [la rob]	*das Kleid*
le pantalon [lö paNtaloN]	*die Hose*
la jupe [la Jüp]	*der Rock*
la chemise [la schömiz]	*das Hemd*
le pull [lö pül]	*der Pulli*
les chaussures [le schosür]	*die Schuhe*
Je fais du 40. [Jö fä dü karaNt]	*Ich trage Größe 40.*
Il/ Elle me plaît. [il/äl mö plä]	*Er/sie/es gefällt mir.*
La robe est trop petite. [la rob ä tro pötit]	*Das Kleid ist zu klein.*
petit, petite [pöti, pötit]	*klein*
grand, grande [graN, graNd]	*groß*
court, courte [kur, kurt]	*kurz*
long, longue [loN, loNg]	*lang*
rouge [ruJ]	*rot*
bleu, bleue [blö, blö]	*blau*
vert, verte [vär, värt]	*grün*
blanc, blanche [blaN, blaNsch]	*weiß*
noir, noire [nuar, nuar]	*schwarz*
jaune [Jon]	*gelb*

Im Museum

le musée [lö müze]	*das Museum*
le billet (d'entrée) [lö bijä (daNtre)]	*die Eintrittskarte*
le tarif (plein /réduit) [lö tarif (pläN/ redüi)]	*der Tarif, der Preis (voll/ reduziert)*
gratuit [gratüi]	*gratis*
l'adulte (m./f.) [ladült]	*der Erwachsene*
l'enfant (m.) [laNfaN]	*das Kind*
la visite guidée [la vizit gide]	*die Führung*
Il y a des visites guidées en allemand? [il ja de vizit gide aN_almaN]	*Gibt es Führungen auf Deutsch?*
l'audioguide (m.) [lodjogid]	*der Audioguide*
le plan du musée [lö plaN dü müze]	*der Museumsplan*
Le musée ferme à quelle heure? [lö müze färm a käl ör]	*Wann schließt das Museum?*
fermé [färme]	*geschlossen*
ouvert [uvär]	*offen*

Im „tabac"

le journal [lö Jurnal]	*die Zeitung*
le quotidien [lö kotidjäN]	*die Tageszeitung*
la revue [la rövü]	*die Zeitschrift*
la carte postale [la kart postal]	*die Postkarte*
la lettre [la lätr]	*der Brief*
le timbre [lö täNbr]	*die Briefmarke*

Zeitangaben

Il est sept heures. [il ä sät_ör]	*Es ist 7 Uhr.*
Il est sept heures et cinq. [il ä sät_ör e säNk]	*Es ist 7.05 Uhr.*
Il est sept et quart. [il ä sät_ör e kar]	*Es ist 7.15 Uhr.*
Il est sept heures et demie. [il ä sät_ör e dömi]	*Es ist 7.30 Uhr.*
Il est sept heures moins le quart. [il ä sät_ör muäN lö kar]	*Es ist 6.45 Uhr.*
Il est sept heures moins dix. [il ä sät_ör muäN dis]	*Es ist 6.50 Uhr.*
midi [midi]	*Mittag*
minuit [minüi]	*Mitternacht*
lundi [läNdi]	*Montag*
mardi [mardi]	*Dienstag*
mercredi [märkrödi]	*Mittwoch*
jeudi [Jödi]	*Donnerstag*
vendredi [vaNdrödi]	*Freitag*
samedi [samdi]	*Samstag*
dimanche [dimaNsch]	*Sonntag*

NOTIZEN

Bildnachweis

U1 Getty Images (TriggerPhoto), München; PONS Langenscheidt GmbH (Anne Pixaras), Stuttgart;
1, 3, 7, 18, 33, 111, 140 Shutterstock (Saint A), New York; **7.1** Shutterstock (Elena Pominova), New York;
19 Shutterstock (GooseFrol), New York; **19.1** Shutterstock (jennyt), New York; **34, 48** Shutterstock
(MSSA), New York **34.1** Shutterstock (Rrrainbow), New York; **49, 56** Shutterstock (Yuyula), New York;
49.1 Shutterstock (Carole Castelli), New York; **63** Shutterstock (redchocolate), New York; **64, 80, 95,
126, 155** Shutterstock (josep perianes jorba), New York; **64.1** Shutterstock (Photo-Jope), New York;
81 Getty Images (macrovector), München; **81** Shutterstock (Meandering Trail Media), New York;
96 Shutterstock (Evgeniia Ozerkina), New York; **96, 110** Shutterstock (Fafarumba), New York; **111**
Shutterstock (ilolab), New York; **126** Shutterstock (Squirrel_illustration), New York; **127** Shutterstock
(Martin Turzak), New York; **127** Shutterstock (Istry Istry), New York; **141** Shutterstock (KateMacate),
New York; **142** Shutterstock (Daniela Barreto), New York; **142** Shutterstock (BrunoK1), New York; **154**
Shutterstock (Martina V), New York; **155** Getty Images (Csondy), München; **165, 171** Shutterstock
(schiva), New York; **172** Shutterstock (sevenMaps7), New York; **172, 188** Shutterstock (fischers), New
York; **189** Getty Images (WINS86), München; **187, 189** Shutterstock (Ihar Yanouski), New York;